O CORO DOS DEFUNTOS

O CORO DOS DEFUNTOS

ANTÓNIO TAVARES

LeYa

Editora responsável: Maria Cristina Antonio Jeronimo
Produtora editorial: Mariana Bard
Revisão: Marcelle Paciello
Capa: Leandro Liporage
Imagem de capa: Unholy Vault Designs / Shutterstock

Dados Internacionais de Catalogação na Publicação (CIP)
Angélica Ilacqua CRB-8/7057

Tavares, António
O coro dos defuntos / António Tavares. -- Rio de Janeiro : LeYa, 2018.
208 p.

ISBN 978-85-441-0559-7

1. Ficção portuguesa I. Título

18-0663 CDD P869.3

Índices para catálogo sistemático:

1. Ficção portuguesa

Todos os direitos reservados à
EDITORA CASA DA PALAVRA
Avenida Calógeras, 6 | sala 701
20030-070 — Rio de Janeiro — RJ
www.leya.com.br

Aldeia negra, espelho perfeito da Idade Média rural, essa ignorância, essa rudeza são bem escusáveis! Não desonram sequer. Mas, sim, magoa essa alma dura, desumana, impiedosa que te vão inoculando!

Aquilino Ribeiro, *Aldeia*

Sendo este romance evocativo da obra de Aquilino Ribeiro, existem várias palavras usadas pelo mestre. Se não conhecer estes termos, o leitor interessado poderá consultar o glossário no final do livro.

1
Onde faunos havia

Diz ela que o mundo nem sempre foi assim. Noutros tempos, a avó corria à beira do rio com um pau de vime na mão a espantar os espíritos dos mortos e batia nas pedras e na água como se sacudisse os males da Terra. Tecia nos lábios uma ladainha, uma canção que se misturava na corrente e na espuma dos rápidos.

Diz ela que o mundo era diferente: as árvores frutavam-se de forma espontânea, como se tivessem vida própria, e ninguém as regava e podava. Os muros enchiam-se de musgos, campainhas e pipilros, brotavam cogumelos de todas as espécies em todos os cantos e era possível ler nas rugas e nas entranhas dos troncos o destino dos viventes.

Cada um sabia quem eram os outros e cada qual conhecia todos e, mais do que a eles, os pais e avós, às vezes os bisas e tudo assim, mesmo na linha colateral, ou seja, primos e tios e por diante. *Ainda és prima do Caneco*, diziam-lhe; e era, numa distância que se perdera em várias gerações de nascimentos e mortes sucessivas, mas ao vê-la passar sentiam essa ternura que habitava algures num canto da sua genealogia.

O tempo era, alternadamente, de algidez e de calor, um e outro na sua altura, de maneira tal que as coisas não se misturavam e as pessoas sabiam o que vestir e o que calçar, mas, sobretudo, que semblante pôr antes de virem para a rua; e se ao amanhecer fazia nevoeiros pelos bosques, ou caía uma borraça mansinha, *diz ela* que era certo que as almas se tinham posto de festa toda a santa noite, cantando e bailando, e que havia até quem lhes tivesse ouvido as vozes nesse cantar, em dizeres e profecias.

A avó, se assim fosse, não dormia a noite toda; saía de casa e corria, não se sabendo para onde, a confraternizar com os festeiros. Chegava com a bruma e vinha esquinada de bêbada sem acertar coisa com coisa. Um dia chegou a dizer que o Salazar havia de cair e dar com a cabeça numa pedra, o que o marido, regedor da aldeia, não podia permitir e, não podendo igualmente mandá-la calar, fazia aos ouvintes um sinal de mão, querendo dizer que a profética boca da sua mulher era um poceirão da água que ardia corpo e cabeça. Ela uivava como os lobos e acolitava-se no posto da GNR afinando ladainha atrás de ladainha e só saía quando o homem a fosse buscar, nunca antes de três dias, com pedidos de perdão. Vinha, depois, puxada pelos dedos, os olhos revirados, o passo incerto, os ombros em sacudidelas e calada. Não tugia nem mugia.

Em casa, havia de acender o lume e pôr água a ferver, à qual juntava umas ervas, mexia e remexia usando um pau já gasto de correr a quentura da panela. Os vapores enchiam o lar e deixavam nas paredes sombras que ela lia. Havia figuras grotescas a lamberem os tectos e outras que desciam e se desvaneciam no chão. Pegava no pau e açoitava-as como figuras do mal enquanto invectivava agoiros e maldizeres. Era muito o asneiredo, pelo que as crianças eram postas à distância de não ouvir o que ela ia dizendo. Depois passava-lhe, mas antes ensimesmava-se duas ou três semanas enfiada na cama, janelas cerradas, círios ardendo por toda a casa, folhas verdes de arruda e de alecrim a servirem de capacho.

Diz ela que naquela terra da Beira, onde faunos havia tal como o Aquilino os tinha predito, as pessoas eram feias e duras. E dizia que o mundo é feito de gente que ainda não é bem gente ou então já está muito para além dela. Os da cidade e de outras paragens não conheciam o que isso era. Não ouviam os lobos nem sabiam do saltitar manhoso das raposas entre as giestas. Não adivinhavam que havia espíritos em todas as coisas, fosse nas águas do rio, nas árvores ou até nas cinzas de uma fogueira, e que os antigos permaneciam entre os vivos, apesar de os enterrarem num cerro a duas léguas dali. E nunca perceberiam que as mulheres quisessem a figura do demônio na igreja, preso e seguro aos pés de S. Bartolomeu, e que diante dos dois rezassem sem se saber a qual deles o faziam. O Capeta possui um corpo de cão e uma cara meio humana meio canídea que ostenta uma larga boca aberta, em cujo interior deixa ver uma extensa fileira de dentes. Ensaia uma gargalhada tinhosa, o mafarrico, que muda para um quase choro, dependendo de quem está diante de si. O povo sabe das suas manhas e, se há quem o ignore ao passar, outros deitam-lhe a língua de fora e estendem-lhe o dedo médio em riste. Do seu interior há quem sinta o revessar do enxofre.

2
Do parto à morte

Diz ela que a avó parturiava. A altas horas da noite ou nas madrugadas frias vinham bater-lhe à porta para que ajudasse os pequenos a nascer. Ela levantava-se como se fosse para uma missão, xaile pelos ombros e lenço deitado à cabeça. Seguia pelos caminhos das cabras, serranias de encalhar a roupa a prender-se nas gavinhas e nos espinhos dos arbustos, assim como acontece à vida.

Entre as águas quentes fervidas e panos lavados, o nado haveria de aparecer, enxertado em líquidos à mistura de sangue; e era tirar-lhe o muco, lavá-lo bem, deitá-lo sobre as mamas da parturiente, passar a umidade dos tecidos no corpo dela e deixá-lo assim, que o instinto haveria de fazer o resto. Havia a ladainha do costume rompendo uma janela que ela abria e onde, debruçada sobre o parapeito, atirava palavras entredentes, enquanto abria e fechava as mãos como se soltasse qualquer coisa aos ventos.

Diz ela que muitas vezes a morte se sentava nas costas da avó e a fazia perder a batalha. Picava-a com o bico da gadanha e não a deixava fazer o seu trabalho, mister a que ela chamava *paixão*, qualquer coisa como as lazeiras que o *Senhor* passou nas sucessivas estações que o levaram à cruz. Nessa altura, ficava-se o pequeno ou a mãe, às vezes os dois. E a velha deixava a casa da parturiente em acessos de fúria virada aos céus, raspando as unhas na terra e atirando-a aos ares num repúdio de raiva;

escarrava no solo e esgaravatava-o com os pés descalços, como revolta para com as forças telúricas que lhe tinham negado a vida.

Era a avó quem as gentes chamavam para lavar e vestir os mortos e para lhes fazer as rezas antes de irem a enterrar. Pedia sempre para ficar a sós com os cadáveres enquanto os amortalhava, mas do lado de fora da porta ouvia-se a lengalice que ia desfiando como uma reza. Se fossem enforcados, a tarefa corria ligeira com um verter de impropérios e palavrões, mas se fosse um anjinho nem as labaredas dos círios tremelicavam porque as palavras mal lhe saíam da boca; para estes era um canto, quase um murmúrio de ninar, como se os levasse ao céu. *Diz ela* que, às vezes, entre palavras se ouvia uma frase: *A dor da minha mãe ao meu menino dói.*

Viam-na sair desse ritual com as mãos ainda úmidas de as ter lavado – ela tinha umas mãos grandes – e as pálpebras descidas como se lhe pesassem. Um dia, à saída, dissera que tinha sede, o que, assegurava o João barbeiro, tinha dito a igual hora um tal Philip Blaiberg assim que acordara de um transplante cardíaco feito a milhares de quilômetros para sul, na Cidade do Cabo.

Diz ela que todos se lembravam de, numa alba de janeiro, a avó se pôr a correr pelos quelhos da aldeia, alvoroçada, roçando as paredes como se o seu corpo tivesse erisipela; soube-se mais tarde que, apesar de ninguém o ter sentido, tinha havido um abalo de terra e em algumas aldeias, afiançam as gentes, ouvira-se distintamente um rumor cavernoso vindo dos penetrais. *Diz ela* que em Palermo, na Sicília, um terramoto devastara a parte ocidental da ilha.

Tudo isto fora em mil novecentos e sessenta e oito, afiança, pouco depois de ela ter nascido, e que essa avó, bruxa e parteira, mulher teimosa e altiva, era amada como nenhuma outra e mimada com requintes de rainha, isto sem desmerecer o título à Rainha, uma urca sucessivamente enviuvada que morava três casas adiante.

3
Salve Rainha!

A Rainha tinha ressuscitado três vezes, as mesmas que tinha sido levada à morgue de Mangualde; numa delas fora mais longe, pois tinha chegado a ser encaixada num esquife de pinho, o qual, apesar de ter duas asas, não levara verniz. Nessa altura, tinha sido já na igreja e durante as costumeiras exéquias prestadas pelo padre Sebastião aos mortos que a Rainha se levantara, com a boca a espumar, o rosto envolto em pó de talco e, envergando um vestido negro que havia muito não lhe servia e lhe caiu aos pés, abandonou o templo sem atentar nos convivas e demais presentes que oravam, como se cantassem, a Salve-Rainha. Foi no *vida doçura, esperança nossa* que a Rainha saiu do seu torpor *mortis* e caminhou. Viram-na atravessar a porta da igreja de rabo ao léu, em passo lento, mas firme, ao compasso de *a vós bradamos os degredados filhos de Eva*.

A Rainha era viúva vezes sem conta, pelo que não havia terra no mundo onde morressem tantos reis. Sepultava maridos como o Quimeras enterrava pintos na sua criação de frangos. Vinham de aldeias vizinhas, alguns já com um ar adoentado, e o padre, na cerimônia nupcial, aproveitava logo para falar do efeito libertador da morte, tantas vezes como remissão dos pecados de vidas de luxúria, soberba e ganância.

Quantos mais maridos iam morrendo, mais longe a Rainha os tinha de ir pescar. Bem conhecida era, pois, a sua fama de viúva negra. Aos últimos já não se lhes desbravava a genealogia.

Aos que pareciam importar alguma saúde e energia, em breve desvanecia-se-lhes o sorriso, tornava-se-lhes trôpego o andar e recusavam-se, na venda do Tritão, a escorripichar o palhete até a gota derradeira. Sabia-se que a situação era estranha, de tal forma que os familiares de um *rei* de Penedono mandaram o delegado de saúde apurar do passamento do seu ente querido. O delegado, antes de visitar o cadáver que analisou só de lhe poisar a vista, passou pela tasca e, tendo provado todos os tintos e brancos da terra, concluiu que o *Rei* de Penedono havia morrido da idade. *Há homens para quem a idade é fatal*, disse ele ao regedor, esboçando assim uma das mais evidentes verdades da medicina, demonstrada desde os tempos de Hipócrates.

Quem não quis saber deste axioma científico foi o chefe de esquadra da GNR que pôs dois cabos da guarda a revirar o *palácio* à Rainha. Não é que dois cabos, para mais um deles quase sargento, não tivessem o mesmo raciocínio lógico-dedutivo do homem do número 221B de Baker Street, mas não precisaram dessa ferramenta para perceber que no *paço real* havia veneno de ratos em excesso. E, como pensou o mais novo dos investigadores ao caso nomeado, mostrando raros conhecimentos toxicológicos, *a varfarina não mata só os roedores e pode até ser letal para outros seres, incluindo os humanos.* Também apuraram os mesmos que, no colchão de folhelho macio da Rainha, mantinham residência permanente, em notas vivas e bem contadas, setecentos e noventa mil reis, bem como várias cópias de assento de registo de imóveis radicados em locais dispersos, fossem *terras chãs de semeadura fácil, lameiros férteis, assentados e leiras de arroteado maneiro.*

Faltava obviamente o chamado nexo de causalidade, coisa que, dada a fonética da palavra, muitos confundiram com sexo. E, entre marido e mulher, onde não há sexo também não há pecado e, não havendo pecado, concluía o senhor padre, não há móbil nem crime.

Assim o disse diante do juiz comarcão, afiançando que a Rainha não era mulher de gastar tempo na gare confessional por lhe faltar substância e assunto, e que só levava penitência porque de tal sorte pedia, não fosse dar-se o caso de se ter esquecido de mencionar algum facto relevante; e disse isto salientando que não estava a quebrar o sigilo a que se obrigara, por de generalidades se tratar.

Diz ela que o doutor Mourela, advogado *in exercens* da aristocrata, nem quis ouvir mais; prescindiu das restantes testemunhas e, em doutas mas breves alegações, apenas perguntou: *Aquilo que o religioso inocenta pode o temporal condenar?*

E quando, numa sossegada manhã de março, o Júlio Peixeiro, entre duas ou três buzinadelas da sua carrinha, trouxe a novidade de que havia água na Lua, toda a aldeia a aceitou mais depressa do que à culpa homicida da Rainha. Entre a exegese do confessionário e a umidade provável do nosso satélite, se conjurou, num ápice, a inocência da viúva.

4
Alvitrar saberes e desconfianças

Diz ela que à avó, nesse dia da sentença, se coalhou o leite mais do que três vezes. E a lata da canela tombou-se do armário, escapando-se-lhe depois de entre os dedos, esparramando pelo chão o precioso pó. E que o ramo do loureiro espetado à porta de entrada da casa se enchera de moscas varejeiras como se fosse um cortiço; e que tudo isto fora pouco do muito que lhe tinha sucedido.

A velha subiu a rua batendo os calcanhares descalços no empedrado e só parou na esquadra da polícia, da responsabilidade de dois anciãos de baixa patente em idade de pré-reforma, onde pediu que a prendessem na cela como quando se fazia de teimosa. Teve a mestria de alertar o soldado Arménio de que desta vez não vinha por teimosia, e sim para cumprir *pena de crimes sucedidos.*

O regedor haveria de rumar ao presídio pedindo, como Egas Moniz diante do rei de Castela, que não levassem a sério a mulher e a pusessem, pelas almas, na rua. E que, se culpa havia, era dele, homem labrusco pouco dado aos cuidados domésticos, no que tanto perturbava a pobre companheira.

E assim se fez, ficando a saber-se que a velha bruxa sabia das culpas da Rainha e que com o seu gesto as ajuramentara. *Diz ela* que, dias depois, haveria de aparecer à porta da viúva a pele de um gato preto atada a um cordel que tinha na outra ponta o retrato de um dos maridos da declarada inocente.

O povo falou do assunto porque nestas coisas a arraia-miúda tem sempre de alvitrar saberes e desconfianças. O retratado tinha um felino doméstico de nome *Maçarico*, de pelos e bigodes retorcidos como o dono. E ali estava o dito, tão finado como o seu proprietário e assim preso a ele por uma linha como se ninguém os pudesse separar.

A dona Rainha pouco se importou. No fundo, toda a aldeia lhe era indiferente. Assumia um ar de superioridade como se reinasse de forma efetiva. Era das poucas mulheres que não descia a uma leiva ou a um tremedal nem na altura das natalícias avencas, do tremoço ou das favas. Quando passava defronte da taberna do Tritão, os homens, como lagartos ao sol atascados no mais vil dos carrascões, chamavam-lhe *regalona*, forma tentadora e sensual que era quase um convite a fazerem notar a sua disponível virilidade; ela, inquieta como a mulher com andar de cabra de Cesário que passa rápida junto aos calceteiros, nem os via. Era certo que os escutava naquele *regalona*, arrastado pelas línguas encortiçadas do álcool, e que um frémito lhe percorria o espinhaço e a fazia revessar das entranhas mais íntimas, mas nunca os deixava notar.

E lá ia, fazendo adivinhar nas mentes perturbadas dos homens um regalório aceso, uma fogueira onde Eros e Tanatos se digladiavam pelo momento do êxtase, um suspiro profundo que tanto poderia ser de prazer como de morte.

Diz ela que todo o mistério da Rainha residia na circunstância de ser feia e ainda assim prestar-se a ser o atrativo que despertava o frenesim dos machos. Ser carnuda e cheia era motivo de fantasias várias, ou seja, compreendia-se a bagata das carnes e pregas recônditas do seu corpo que alterava a respiração dos homens, mas a feiura? De certeza que sabiam os deuses, sobretudo os mais cúpidos e debochados, que também os há, explicar de forma conveniente a morada dos encantos da mulher, como sabem interpretar a melopeia das águas ou o piar do nebri. Mas os deuses, na maior parte das vezes, fazem como o chasco, que é silente e embatucado, o que permite não dar nas vistas e escapar sem se ter sentido a sua presença.

5
O coro dos defuntos

A Rainha tinha uma irmã na América. Não era anafada como a *monarca*, mas seca e comprida como um rabo de bacalhau. Possuía um nariz afilado, próprio das mulheres mesquinhas e atentas aos pormenores da vida, minudências a que ninguém liga peva. Tal como a irmã, enriquecera, mas com um só casamento. O homem era defunteiro, com estabelecimento montado numa das ruas mais movimentadas de Fall River, e tinha um ar cândido e pejoso que se percebia no gesto de esfregar as mãos uma na outra, como se as lavasse a seco. Na verdade, adejava umas mãozinhas brancas e lisas, quase uma espécie de barbatanas; pareciam dois apêndices menores, mas que possuíam um dom de bailarinas.

Morto após morto, foi amealhando um pecúlio só visível nas peles e no ouro que a mulher usava. Falava de forma confidente, como se segredasse alguma inquieta novidade, e possuía, de maneira rara, o dom da eloquência. Expressava-se sem uma hesitação, um tique, um ensaio de gaguez, uma palavra que não fosse a mais correta. Os familiares dos defuntos apreciavam-lhe esta qualidade e queriam todos trocar impressões com ele sobre os mais delicados pormenores das exéquias. Nas cerimônias saltitava de orelha em orelha numa solércia rara e quase hipnotizante.

Morreu de uma síncope cardíaca nas mãos de uma bagaxa negra, volumosa e beiçuda, moradora em Pleasant Street, a qual disse à polícia, em depoimento escrito, que o pobre homem desatara a arfar em cima dela de forma pouco usual, ficara vermelhusco e, já com a língua de fora, pronunciara duas vezes a palavra *motherfucker.* Finara-se assim, mesmo sem antes ter pago o seu trabalho e sem ter dado ouvidos ao seu aviso: *Slower, slower!*

Os seus colegas acotovelaram-se para fazerem eles o funeral, mas a casa de Pleasant Street não quis deixar o trabalho por mãos alheias. Capricharam no melhor que tinham, do cetim às rendas, dos linhos aos debruados persas. Não se pense que quando se enterra um cangalheiro tudo se passa tal como com o comum dos mortais. Os notabilíssimos homens da cangalha são recebidos em ovação no além e esperam-nos todos os que eles ajudaram a enterrar. *Diz ela* que fora a avó que lhe segredara isto numa noite de relâmpagos e tempestade. Uma vez recebidos, segue-se um festim, no qual todos cantam de forma operática como se fossem um coro ensaiado e afinado. O costume é o defunteiro discursar enumerando os males da vida e o opróbrio da existência mundana, terminando numa exaltação à morte eterna; ao contrário do que se possa pensar, repudiava-se a ressurreição, que se entendia ter sido um lapso bíblico. No caso, o agente funerário começou por traduzir o aborrecimento da vidinha, dizendo que debaixo do sol não há nenhuma novidade e o que aconteceu vai repetir-se; *tudo o que já se fez de novo será feito*, terá ele dito, seguido de clamorosa ovação. Na vida, a impotência do homem é frustrante como um moringue que perde água. E disse: *Jamais se endireitará o que está torto e o que falta não se pode contar.* A sabedoria traz tristeza e o conhecimento, dor. Num estado de exaltação que se transmitia a todos os que o ouviam, servindo-se da sua eloquente verve, ainda acrescentou: *Proclamo os mortos mais felizes do que os vivos e mais felizes ainda os que nunca nascerão. O dia da morte é melhor do que o dia do nascimento. É melhor ir a uma casa onde há luto do que ir a uma onde há festa!*

6
A ética e as cortesãs

O Manuel Rato foi expulso do seminário de Viseu quando o padre Afonso encontrou no seu quarto dois livros: a *Ética* de Espinosa e *O livro das cortesãs* de Forjaz de Sampaio e Bento Mantua. O padre Afonso disse-lhe que uma só das obras já seria uma explosão, mas as duas juntas eram uma fogueira.

Diz ela que o Rato andou uns dias a sonhar com as labaredas do inferno à mistura com as da Inquisição, coisas que ele conhecia das muitas leituras por onde se intrometera. As primeiras são mais altas e escarlates, as segundas dependem da madeira; o pinho, por exemplo, dá-lhes uma cor amarelada e o cadáver do supliciado nunca chega a esturrar. Incha e fica como um balão dourado, mais parecendo um leitão saído dos fornos da Mealhada.

Perguntou-lhe Afonso se sabia alguma das proposições do livro do excomungado judeu português, uma que fosse, ao que Manuel Rato, evitando o risco de mais pecar, adiantou logo a primeira que lhe veio à cabeça: a sexagésima oitava do livro IV sobre a servidão humana: *Se os homens nascessem livres, não formariam nenhum conceito de bem ou de mal.* O padre Afonso sentiu uma dor no pandulho, agitou-se e torceu-se como se tivesse levado golpe de enxofre e, com os livros na mão, retirou-se do aposento.

Manuel Rato regressou à aldeia sem saber o que era o bem ou o mal, e logo ele que estava destinado a conhecer as artimanhas de Belzebu por antecipação, isto é, antes que se manifestassem. *Diz ela* que foi então que se pôs a andar; a andar e a falar consigo. Pensava-se que o siso lhe tinha escapado por alguma porta mais esquecida, mas cedo todos se habituaram à sua mania. Corria montes e valados, várzeas, regados e outeiros; mergulhava no bosque madrugada fora, mesmo em dias de borraça, e saltava os arroios como o fazem as náiades. Os caçadores viam-no pela noite, andando e saltaricando como um lobo, e pensavam que lhe tinha dado para a licantropia.

E, como se não lhe bastasse andar, Manuel Rato falava. Uma melopeia interior que parecia um zumbido, como se tivesse engolido uma cana de toque ou um vibrante berimbau. Começava com *Beija-me com os beijos da tua boca* e seguia o Cântico de Salomão, gemendo *Ó mais bela das mulheres, segue o rasto das ovelhas e leva as cabras a pastar*, e enumerava mais adiante todos os afrodisíacos odores: nardo e açafrão, canela e lavanda, incenso, sândalo e gengibre. Afinal, Manuel Rato mais não fazia do que o sábio rei recomendava: pernoitava debaixo dos cedros, madrugava pelas vinhas, vigiava o florir das romãzeiras e exalava o perfume das mandrágoras. As suas noites, *diz ela*, acabavam no cruzeiro juncado no meio da aldeia, sentado num dos seus três degraus. *A alma está sujeita às afecções enquanto dura o corpo*, dizia vertendo uma das proposições da parte quinta da *Ética*, aquela em que se refere à potência da inteligência humana.

Temia-se que algum dos caçadores perdesse a cabeça numa das noites ou madrugadas de sinistra investida aos gamos, coelhos e raposas e chumbasse o corpo todo, cabeça incluída, do inusitado cavalheiro verde, deidade das matas e bosques que transportava na ponta da língua as palavras que sabia nada dizerem aos homens, mas que poderiam ser compreendidas pelos castanheiros e avelaneiras, pelos musgos e ervas menores. O Patilhas chegara a tê-lo debaixo de mira, cano apontado sem tremelique, ou seja, cada balázio uma ferida. O Rato ficaria como um crivo ou uma rede de apanhar bogas, abandonado às raízes de um choupo, como se faz à caça que não tem préstimo.

Nesse dia, *diz ela*, a avó tinha acendido, num altar improvisado, umas candelinhas a um ramo de rebentos que apanhara pelos carreiros e, depois de os aspergir com água benzida do rio, dera, sem o saber, mas de forma premonitória, salvação ao incansável e andante *folhoso*. Ele chegara à aldeia com miríades de folhas verdes coladas ao pescoço e à cara, e outras espalhadas pelo corpo como se fossem selos de correio numa embalagem pronta a expedir para muito longe. E assim se deixou estar, desta vez abraçado ao cruzeiro como se espantasse um mau-olhado.

7
Oh, promised land!

Diz ela que a irmã da Rainha apareceu um dia na aldeia. O propósito era arranjar um homem que a servisse, que fosse obediente e de bom trato, ainda que pobre. Convinha que soubesse mais do mundo do que dar dois tiros a uma perdiz, armar uma alçaprema e fazer vicejar umas pencas num horteiro. E que fosse decoroso e pudente, pois a dama já não suava de calores e queria alguma paz carnal. Sobretudo, que não fosse um balabrega de meia-tigela, a chamar a atenção da pacata vizinhança. O ex-seminarista ajustava-se na perfeição, vencidas que fossem duas ou três manias que apresentava.

A Rainha chamou o Rato a sua casa numa tarde, logo após o almoço, com a recomendação de que se lavasse e vestisse a propósito para ser visto por uma senhora. O homem sentia-se uma peça de laboratório mas, ao mesmo tempo, investido de uma importância desmesurada por estar a ser alvo de tanta atenção.

Entrou sacudindo os pés no tapete da entrada e tirou o boné em sinal de respeito para com as damas. Mandaram-no sentar-se na sala, num cadeirão alto, com a luz da janela a dar-lhe no rosto. A irmã da Rainha foi-lhe fazendo perguntas da sua passagem pela capital, onde tinha estado a cumprir o serviço militar *em telecomunicações*, e quis saber do seu tempo no seminário. Deste, Manuel não gostava de falar, de maneira que se pôs a dissertar sobre a mais bela das proposições de Espinosa, aquela que nos diz que uma ideia, mesmo sendo falsa, se for positiva e bela, se mantém apesar de sabida a sua verdade. E disse: *O sol, refletindo a partir da água, parece-nos dali provir e isso é belo; mas se soubermos depois que ali se encontra apenas o seu reflexo é positivo que mantenhamos a crença de que o sol está nas águas.* E acrescentou: *A imaginação cresce assim a partir do falso belo e de outra forma não existiria. O mundo perderia a sua graça e de nada valeríamos se não pudéssemos sonhar.*

A viúva americana ficou encantada com a lídima eloquência do Rato. Este começava a mostrar sinais de impaciência por estar há tanto tempo parado e perguntou se podia passear na sala para trás e para diante. Assim o fez, parecendo um baforão, mas mostrava a seu favor um passo marcante e decidido. E, enquanto andava, impressionou as manas dizendo de cor as palavras do profeta Habacuc: *Ainda que a figueira não brote e não haja fruto na parreira; ainda que a oliveira negue o seu fruto e o campo não produza colheitas; ainda que as ovelhas desapareçam do redil e não haja gado nos estábulos, eu alegrar-me-ei e exaltarei em Deus, meu salvador. O senhor dá-me pés de gazela e faz-me caminhar pelas alturas.*

A interessada explicou-lhe que a América era a terra da justiça, onde os sonhos moram e onde brotam de forma espontânea todas as árvores de fruto. A terra e o gado desaparecem da vista e tudo é abundante como o mel e o leite. É certo que, havia dias, tinha sido morto um negro que dizia *ter um sonho* e que falava numa *promised land*, mas isso são coisas de todo o lado e os Caldeus andam pelo mundo saqueando e fazendo o mal.

Manuel Rato deixou-se impressionar pela descrição e imaginou os redis plenos de ovelhas e os estábulos a regurgitarem de cabeças de gado e admitiu ter interesse em seguir para essa terra. A Rainha abriu uma garrafa de Porto velho para comemorarem e a americana sentiu que podia ter um encosto, embora bastante móvel e inquieto, para a sua cabeça.

Era já fim de tarde e fazia um arilho suave quando o homem saiu de casa da Rainha. Sentou-se nos degraus do cruzeiro com as mãos nos bolsos das calças. Em frente, no lavadouro vazio, o sol batia nas águas espumadas. Lembrou-se do filósofo laminador de lentes e imaginou-o de óculos pousados na ponta do nariz, já velho, sentado na sua banca de trabalho, agastado no polimento do vidro. Tossia por ter os pulmões tolhidos das poeiras do ofício. Da janela via o mundo. E via Deus.

8
Mordei esta carne palpitante!

Em Fall River existe uma ponte chamada Charles Braga Memorial Bridge que atravessa o rio Taunton. Este Charles Braga era um marinheiro português bem-disposto que levou com uma bomba e cujo corpo nunca apareceu. Manuel Rato fez um esforço enorme para permanecer quieto, olhando os arcos da ponte e as águas do Taunton que pouco se pareciam com o ribeiro da sua terra, rodeado de pedroiço nas margens ainda selvagens.

Habitava, então, a casa do defunteiro em Pleasant Street e tinha aceitado casar-se com a sua abastada viúva. Percorria todos os dias a High Street, a Riverside Street, e caminhava, em passo lento e desgostoso, pela Reed Street. Não era o mesmo que seguir os quelhos entre muros da sua aldeia ou aventurar-se pelos bosques, noite e madrugada fora. Também havia parques e bosques em Fall River, mas não era coisa idêntica. Faltava-lhes encanto e poesia e o regresso sempre fraterno ao cruzeiro. E havia muita gente; gente demais. Casas muitas. E a viúva.

As mulheres dos finados gostam de falar e de ter quem as ouça. Têm muitas histórias para contar, normalmente envolvendo os falecidos com quem partilharam indecifráveis intimidades. Ora, Manuel Rato não era homem de estar a ouvir; como fazê-lo se não parava quieto? Uma vez, em Freetown Common, não conseguiu ficar parado a ouvir o “Semper Fidelis” de John Philip de Sousa, o português que inventou o Sousafone e é o mais celebrado compositor de marchas da América. Quando a United States Marine Band começou a ensaiar os primeiros tons da "Stars and Stripes Forever" já Manuel Rato ia longe, em passo lesto e celerado.

Corria todos os espaços da grande cidade, mas sentia sempre uma sensação de sufoco, um mal-estar claustrofóbico que o mantinha taquicardíaco e incapaz de falar. Andava, então, em silêncio e, para compensar a ausência da fala, mexia os braços de forma desconcertada como se fosse uma aranha de duas patas.

Em casa começou a dizer poemas d'*O livro das cortesãs*, o que fazia a viúva incomodar-se quando tinha visitas. Numa das tardes de chá, com várias convivas em augusto cerimonial, Manuel irrompeu pela sala dizendo de forma pungente o poema de Antero: *Ardentes filhas do prazer, dizei-me! / Vossos sonhos quais são, depois da orgia? / Acaso nunca a imagem fugidia / Do que fostes, em vós se agita e freme!* E quando a saliva, em espuma, lhe brotava dos lábios ainda conseguiu, de braços abertos e oferecidos, atirar em desconchavo: *Mordei pois esta carne palpitante, / Feras feitas de gaze flutuante... / Lobas! Leoas! Sim, Bebei meu sangue!*

Começou a dizer que tinha medo de queijo, uma ansiedade chamada turofobia, e que, ao olhar a manteiga, via saírem do seu interior macilento homenzinhos capazes de colonizar, de novo, toda a América.

Diz ela que, tal como Manuel, os negros na América pareciam ter enlouquecido e, por todo o lado, estalava o que se chamou a Fúria Negra. Pilhagens, incêndios, agressões a tiro e à pedrada tinham transformado várias cidades num caos. Para Rato, os Caldeus tinham mesmo voltado, desta vez mais escuros do que o costume. O mesmo é dizer que a América se tornava uma terra perigosa para tão pacato cidadão e com demasiados constrangimentos para quem ansiava ser livre.

A divisa de Fall River é *We'll try*, e Manuel tinha tentado, Deus sabia que sim. Lembrava-se de ouvir numa canção, na telefonia, um rapaz a dizer que queria voltar a Massachusetts, mas ele, pelo contrário, só queria deixá-la. Assim, os versos da música "Something is telling me I want to go home" significavam, para Manuel Rato que devia voltar às estreitas ruelas e aos lameiros da sua aldeia. E voltou.

9
As vantagens das ruelas

Ao mesmo tempo que Manuel Rato partira para a América, a sua irmã Quinha, uma mulher de rosto masculino, ombros largos e pernas grossas, tinha ido para a Suíça. Assim, ao regressar, ele já não encontrou a irmã. Ficara sozinho, o que o tornou ainda mais misantropo.

Diz ela que voltou aos seus passeios febris e caminhava todo o dia. Parava no largo do cruzeiro, como sempre, e dava trela à única pessoa com quem ainda entabulava alguma faladura: a Chichona. Era uma mulher anafada que conservava alguns resquícios de beleza. Ninguém sabia a sua idade, mas tinha passado já os setenta anos. Fora prostituta na capital e, sem que se tivesse dado conta, de mansinho, instalara-se na aldeia. Dizia-se que tinha cantado o fado pela Mouraria ou por Alfama, mas devia ser mentira porque nunca na aldeia alguém a ouvira cantar.

Morava junto à cruz granítica de dois braços, sítio onde Manuel Rato parava como um corredor de fundo chegado à meta; a casa tinha umas escadinhas de pedra nas quais ela se sentava à noite, quando o tempo estava bom. Escanchava as pernas de forma ordinária e arregaçava a saia até os joelhos a deixar adivinhar as carnes amolecidas. Alguns homens da aldeia passaram a frequentá-la; entravam e saíam lestos, como alimárias salazes, e tomavam depois caminho rua fora; ela voltava às escadas que eram o seu trono.

Manuel Rato respondia-lhe, de costas voltadas para a cruz que encimava três degraus; ali se esparramava. Ela perguntava-lhe coisas da América, das gentes e do muito dinheiro que por lá havia. *A América é um negócio!*, exclamava ele numa frase feita que tinha ouvido no pouco tempo em que tinha habitado a terra do Uncle Sam. E, se calhava perguntar-lhe por que razão não gostara dessa terra de promessas e riquezas, Manuel Rato respondia: *As ruas são muito largas!* Dissertava, depois, sob a escuta atenta da Chichona, acerca das vantagens das estreitas e magricelas veredas que eram um aconchego à pele. Na aldeia, cada passo era sentido, avulso, marcado. Na cidade, os passos perdem-se por serem todos iguais. Ali, entre as ruelinhas de pedra rugosa, vive-se e observa-se o mundo em cada passada e percebe-se que a vida é feita desse gesto de andarilho que todos nascemos a saber fazer.

A Chichona, amuralhada quase todo o tempo na sua escada, à exceção das furtivas e breves entradas ao interior penumbroso do seu casebre, sentia muito bem o que Manuel Rato queria dizer; ela, que era como as árvores – um ser de raízes presas ao chão e a precisar dele para se acomodar.

Diz ela que percebia bem o que os irmanava: uma marginalidade antropófoba que, no caso de Manuel, parecia ser um sentimento perdido nas agruras da sua infância e, na Chichona, provinha de ter sacrificado o corpo a tantos homens que o tinham usado. Um e outro não pareciam ter ódio à humanidade, mas esta era-lhes indiferente. Um menoscabo. Sob o céu estrelado, os dois eram pontos luminosos de uma constelação estranha em que ninguém reparava ou a que dava importância; e no entanto, moviam-se.

Ele contava-lhe histórias bíblicas e recitava, de corpo dobrado e virado à abóbada celeste, os versos das cortesãs. Parecia cuspir ao mundo nessa pose de rosto levantado, olhos fechados e lábios soerguidos; e falou-lhe das desgraças de Job e de Judite, das esperanças de Ezequiel e Baruc, do amor ofendido de Oseias e das deslealdades que sofrera Abdias. E falou-lhe de todas as putas: de Rodópis, a prostituta egípcia, de Agatocleia, de Maria Madalena, de Aspásia, da grega Phryneia, de Lais, amante de Apeles, a quem Xenócrates pagava dez mil dracmas para ter as suas carícias, de Leôncia que se vendia a Epicuro, de Targelia que fora rainha, de Lasthenia, a filósofa que assistia às lições de Platão, de Arthusa que enlouquecera Petrônio e de outras que a história conheceu, como Ninon de Lenclos que foi amante de Catarina da Suécia, de Richelieu, de Grandy de Ville, e que depois de amar os reis acabou perdida pelas ruas. E tantas havia, dizia-lhe ele, que o tempo todo do mundo não chegaria para as suas histórias, perdições e vagabundagens. *O mundo*, garantia o Rato, *está cheio de putas!*

A Chichona levantava-se ao bimbalhar do sino da capelinha de Santo Antônio logo que este anunciava a meia-noite e fazia--lhe um gesto que era um convite a entrar. Mas o sinal não encontrava anelo em Manuel Rato, que tinha muito bosque para correr e muito para falar. Desaparecia na escuridão furtiva das copas das nogueiras e castanheiros e, esguio, confundia-se com elas.

10

Croia, galdrana e culatrona!

Diz ela que havia três cavadores na aldeia, qual deles mais lapúrdio. Jogavam a bisca samarreira num ritual de fim de tarde, aninhado em copos de vinho e gordura de bácoro. Um deles, o Albano, era um homem encortiçado que deprecava o demônio em cada cavadela. Diz que nas leiras mais soltas o cavador tinha direito ao garrafão em cada três fiadas, mas, se o solo era barrosela, as três baixavam a duas. Também se admitia, tal como nas boiças, que o gorgolejo fosse maior. Nestes, o Albano fazia deslizar a maçã de adão como a cambota de um motor e o purpúreo líquido estalava no aconchego das suas entranhas.

A berzunda vinha cedo. Toldava-se-lhe o olhar, as narinas, como as dos burros, esgalgavam-se na respiração funda, e volvia irritadiço. Depois da jogatina passava pela casa da Chichona para um alívio, onde deixava uma parte da jorna. Ninguém acendia um cigarro ao pé de si, não fosse a breve chama de um fósforo transformar-se em fogaça.

O Galênia, que havia de dar em convicto spinolista e em testemunha de Jeová, cavava lesto, mas mal; encurvava os regos, e o milheiral, ou o que fosse, saía torcido como os talos das pencas quando se deixa que cresçam demasiado. Conhecia as carnes à Chichona pois demorava-se pelos refegos da velha como se procurasse caminhos havia muito perdidos.

O Cachaca enterrava a enxada fundo como uma relha e fazia uma jeira em meio-dia. A este não se lhe conheciam apetites carnais. Sentava-se no muro, depois da jorna, canivete maneirinho na mão a esgalhar pauzinhos que ninguém sabia que serviço tinham. Algum haveriam de ter, mas qual? Dizia-se que tinha uma alcaria cheia deles, arrumadinhos uns ao lado dos outros e subidos em montinhos; o arrumo era tal que podia a terra tremer, como aconteceu no penedo das Gralhas, junto à serra do Trancão, que nem um palito cairia.

Às vezes pegavam-se e discutiam alto, sobretudo os dois primeiros quando se cruzavam no caminho de visita à Chichona. Se o Galênia regressava, o Albano enfurecia-se e perdia o controlo. Chegaram a bater enxadas como se vibrassem floretes em ridículos duelos, nos quais a falta de equilíbrio os impedia de se magoarem, malgrado, algumas vezes, um deles saísse da contenda de cabeça rachada.

Era o ciúme que os atacava, esse sentimento inimigo da razão e que se esconde algures num recanto bívio das nossas almas e se suspende como o loranto, a planta parasita que vai roubando a seiva aos carvalhos.

O Manuel Rato gargalhava dos desavindos quando assistia aos seus duelos e a bacante assomava à porta para se rir e saber que ainda suscitava, nos corpos e nos espíritos dos homens, algumas fervenças.

Ela descia depois as escadas e, se o perdedor estava ferido, recolhia-o à penumbra do casebre para o tratar com mezinhas. Pachos quentes embebidos em água de camomila ou folhas verdes de erva-cidreira a servirem de emplastro. O Galênia, que amiúde saía vencedor, não se continha e, à sua porta, gritava para o interior: *Sua croia! Galdrana! Culatrona!* Entre outros nomes que, *diz ela*, já se esqueceu, excepto os de meneza e tronga. O inimigo mudava assim de figura – passava a ser a pobre mulher e deixava de ser o colega cavador.

Já o Albano, se saía ileso, demandava à taberna do Tritão, rosnando: *Pinoia de merda!*

Num caso ou noutro, ganhava sempre o Tritão pelos copos de vinho que servia para abafar as mágoas ao vencedor. E havia rodadas e levantar de pó do lado de fora da tasca, porque o estranho *rodeo* acabava sempre em pancadaria. O Rato subia os degraus do cruzeiro, punha-se encostado à pedra, de braços abertos como se tivesse sido crucificado e pés muito juntos como os de uma bailarina. Tocavam os sinos e parecia ter começado a quaresma, mesmo que fosse janeiro.

11
O sonho e a queda

Diz ela que numa manhã dos primeiros dias de agosto a avó voltou a ter achaques inusitados. Insistia em que sonhava com um velho a dar uma queda. O homem ia para se sentar numa cadeira e esta não estava no seu sítio. Diz que em todo o sonho se ouvia o som cavo do mar, como já é raro nos meses de estio. Mas ouvia-se. O homem tinha um jornal na mão e uns óculos de ler postos sobre a cana do nariz. O seu corpo baixava, flectindo ligeiramente as pernas, o traseiro esticava-se naquela pose de procurar assento, parecendo que o centro de gravidade está todo ali e, naquele instante em que já não há retorno e o movimento se acelera em direção a um apoio, nesse segundo em que a atração se faz toda para terra, o velho estatelava-se pesado contra o chão. Ao cair, soltavam-se os óculos da nariganga, e a cabeça, que é o que temos de mais pesado, batia sonora e chúmbea na pedra fria.

Diz ela que a avó insistia em que o homem, a custo, se tinha erguido. Que pusera a mão direita numa das fontes e que apresentava um ar azamboado. Olhava ao longe e a vista tinha-se turvado; parecia-lhe ver tudo amarelo, como se o mundo de repente tivesse contraído uma hepatite aguda. Uma mulher, já idosa, que se acercara dele, dizia: *Foi das botas!* E o homem mirava e remirava os pés, assestando o olhar aos atacadores desapertados, tentando perceber o que lhe acontecera.

Diz ela que a avó, ela própria, sonhava os pesadelos do homem nos dias que se seguiram. Durante o sono via florescer no interior da sua cabeça um cravo rubro de pétalas recortadas, que crescia aos poucos, quer na coroa, quer na corola, e que lhe tomava o encéfalo, como se o comesse. A avó dizia por ele que o homem temia que pudesse ser um comunismo a nascer-lhe ali. Uma espécie de bicharoco em forma de ovário que lhe invadia a massa cinzenta e que se apressaria a tomá-la por inteiro. Quando isso acontecesse, nos devaneios dele pensava que lhe tinha ido para sempre o amor a Deus e a Cristo, que alienaria a família e esconjuraria a pátria e que deixaria arrastar pelas vielas suadas de urina uma guitarra de fado. Nesses pesadelos via a Senhora de Fátima levada no seu andor, mas, de repente, a santa imagem inclinava-se e tombava também, ela como ele, mas a dulcíssima caía sobre círios, o que a fazia tomar-se em chamas. *Nossa Senhora nas chamas da Inquisição!*, pensava, soltando um gemido de agonia, *ou do inferno!* Acordava e dizia: *Salve! Advogada nossa. Salve! Ó, doce sempre virgem.* Depois adormecia de novo e o sonho voltava.

Via um homem a entrar numa sala, um chão branco imaculadamente limpo, dir-se-ia um chão de hospital, e aparecia um número, o sessenta e oito, como se viesse de uma roleta gigante. O homem, muito aprumado, levava consigo uma braçada de cravos vermelhos e, de forma inesperada, na umidade dos azulejos, escorregava como um pato desengonçado e perdia o equilíbrio, espalhando as flores. Os cravos, assim soltos, pareciam manchas de sangue no alvo piso.

Diz ela que a avó teimava em que o homem acordava suado e a arfar, o peito cansado e a cabeça pesada, por nela crescer dentro uma flor cada vez maior.

De madrugada, a avó descia às margens do rio e batia nas águas e nos seus gogos alvadios, esconjurando não se sabia o quê. Cruzava-se com o Manuel Rato, que a ficava a observar, pensativo, certamente lembrando a proposição segunda da *Servidão Humana* de Espinosa, que diz: *Nós padecemos, na medida em que somos parte da natureza.* E assim invocava a avó o sofrimento das náiades adormecidas nas águas para que, solidárias com o desconchavo do mundo, lhe viessem trazer ordem.

Como dizia o excomungado holandês que passava os dias a polir lentes, Manuel sabia que a força que faz o homem perseverar na existência tem limites e que é infinitamente superada pela potência de causas externas. *Ah*, pensava, *quando nessas causas se inclui a gravidade que tudo atrai às profundezas do mundo, é parca a salvação.*

A avó sossegou por uns dias, mas pouco durou. O Júlio Peixeiro que trazia sempre novidades à aldeia entrou a buzinar, de forma estridente, a sua velha carrinha. Bateu a porta da viatura e passou para as traseiras a fim de montar a balança e aconchegar o peixe nas caixas. Juntou-se gente. Entre dois carapaus e três cavalas que pesava para a Rosinda, a coisa saiu-lhe: *O Salazar caiu de uma cadeira!*, disse.

12
A gravidade atrai

Nos dias seguintes, Manuel Rato dissertou sobre o que sabia acerca da gravidade. Fez um esforço para se lembrar se o filósofo de Amsterdã se teria pronunciado alguma vez sobre o tema, mas de nada se lembrava.

Por onde andava foi falando de peso, atração, aglutinação da matéria e órbitas de planetas; parecia ser óbvio que ninguém o percebia, uma vez que todos compreendiam a razão pela qual o ditador caíra. *Um gajo cai e pronto!*, proferiu o Albano de forma séria. O Zé Violeiro, de boina basca na cabeça, garantia que não havia nada que não caísse e que cair era muito mais fácil do que levantar: bastava emborcar algum carrascão e sentir-lhe o efeito.

Erguer é que é o caralho!, garantiu um dos irmãos Fuzarca que tinha caído do alto de uma pereira de inverno quando um dos galhos se partira em sua conjura.

O assunto ficava por ali. Nem valia a pena comparar Salazar à lua, que nunca caía, mas estava sempre impelida a uma queda, ou à maçã de Newton, que, essa sim, caiu. Manuel Rato ficou triste pela oportunidade de poder falar de matérias interessantes que congeminava sozinho enquanto andava. Metia astros, era certo, elipses e outras coisas, como o afastar da geometria euclidiana, mas ficava para outra altura, pensou consigo – talvez se o homem viesse a morrer!

Quando dizia que a gravidade atrai tudo às profundezas, estaria o filósofo a falar dessa força que puxa os corpos e que é proporcional às suas massas e inversamente proporcional ao quadrado da distância entre eles, como garantiu Newton? Talvez não. O pensador deveria estar a fazer a analogia com outras forças que nos atraem e nos puxam muito mais do que a força das nossas vontades consegue resistir. O que nos leva aos caminhos, à pulsão das rochas e pedregulhos, às margens dos ribeiros e ao encaracolar dos rápidos no rio? Ao sinistro dos bosques, às Chichonas do mundo, às decorosas abóbadas carregadas de estrelas que nos dão a verdadeira dimensão do que somos, à terra e ao milagre da planta que nasce e dá fruto? O que nos arrasta até estas coisas simples, ao gemido da natureza exposto num campo de ondulante cevada ou ao mistério dos cachos esmagados que se fazem mosto e depois sangue de Cristo?

O velho ditador pediu ovos do seu quintal e bebeu um cálice de Porto. *Diz ela* que a avó sabia que assim era porque na sua capoeira os ovos lhe apareciam ocos, só com a casca, e na garrafa de Porto que guardava em sossego num armário ia descendo o volume do licoroso. De Santa Comba partira um agricultor com uma carrinha cheia de gêneros levando o melhor que a terra dava para entregar no quarto sessenta e oito do hospital da Cruz Vermelha. Tornava-se necessário que assim fosse para segurar o idoso à vida, embora as pessoas se dividissem, porque muitos ambicionavam secretamente o seu passamento.

A Chichona garantia ao Manuel Rato que o tinha visto de perto; *o danado cheirava a velho e tinha um nariz pingão e uma voz de galinha.* Chegara a atender homens que se davam com ele e frequentavam o palácio do governo e dele diziam muito mal, por ser somítico e lapúrdio. Julgava-se, no entanto, um grande esmoler, por dar um tostão a um pobre que assomasse à porta. Mas esses homens, que rondavam o cortiço do velho, eram, à sua frente, obnóxios sem caráter a bajoujá-lo até a exaustão.

Na aldeia ninguém sabia, mas *diz ela* que todos os dias saíam boletins médicos a dar conta do estado de saúde do paciente. Apontavam para significativas melhoras, diziam que já andava por seu pé e que falava animadamente com quem o visitava. Não tinha febre, o pulso estabilizava e a pressão arterial era normal para a sua idade. As notícias davam nota do cortejo de ilustres visitantes que o assoberbavam de mimos. Nenhuma notícia dizia, no entanto, que os seus médicos se desentendiam no diagnóstico e na terapêutica e nenhum anunciou que o seu ajudante de campo tinha escorregado e caído à entrada do hospital, espalhando um enorme ramo de cravos vermelhos que levava consigo.

13
Povo salafra!

O Albano gostava da mulher, mas batia-lhe. Dizia-se que por cada pancadaria que apanhava a venturosa gostava ainda mais dele. Era um amor que se alimentava de porrada, e não de fosquinhas ou gatimanhos.

A mulher sabia que o cavador visitava a Chichona e que lá deixava uma parte da féria; a situação incomodava-a, mas não o dava a perceber. A irmã dela, que vivia com ambos, sim; incomodava-se em ciumeiras barulhentas capazes de a fazer partir louça e atirar tachos e panelas ao chão. Era conhecida por ser pouco dada à higiene e bastante rude no trato.

Dizia-se que o Albano, na verdade, tinha duas mulheres e, se uma era legítima, a outra estava, pela primeira, legitimada. Havia moços que juravam ouvir gemidos de mulher saídos da alcaria do Albano, depois de os dois para ali terem entrado. E que o cavador era desairoso, disso ninguém duvidava.

Diz ela que em tempos, um dos Fuzarcas, que compunha guarda-chuvas e amolava facas e tesouras, tinha rondado as saias à cunhada do libertino, mas este, aproveitando a recente amolagem de uma faca de matar porcos, não deixou escapar o ensejo para a encostar ao pescoço do rondador, deixando-o em assarapantados cagaços. O Fuzarca em questão era mandador no rancho onde a mulher dançava de saia à roda deixando adivinhar intensas penugens, mas desde que sentira o frio do gume da naifa nunca mais bailara.

O outro irmão chegara a pedir meças ao Albano, numa manhã depois da missa, na tasca do Tritão. Era um homem miudinho, mas corajoso. Tinha enfiado as mãos nos bolsos do colete domingueiro, esticara o peito magro e, dirigindo-se ao bruto, invectivara-o: *Olha lá, meu merdas! Diz ela* que, afiançou quem estava, o cavador atirara um quartilho de branco com gasosa às trombas do provocador e que os atos seguintes não merecem transcurso porque terminaram com o irmão Fuzarca atirado ao terreiro frente à tasca, ensanguentado e a cuspir os dentes.

Caíra como um fardo aos pés do Manuel Rato, que passava nesse instante; e logo junto dele, um almo que percebia mal o remoinho que, de vez em quando, agitava aquelas gentes. E Manuel pensava que aquele era um povo salafra, atufado de maus modos e guerras vorazes, capaz de matar por uma leira ou um botaréu. Um rebanho que se deixava endurecer no rijado dos rochedos e dos pedriçais, desconfiado como os lobos e vestido das melhores manhas raposeiras, sabendo escapulir-se na borraça como ninguém. Se adoecesse, pensava Manuel, curava-se de mezinhas e de rezas e, em último caso, procurava um bajanco que fosse certo e não se pusesse com artimanhas e desculpas a enfeitar o fracasso. Vivia de pouco, ganhava o que podia, ainda que roubasse, e não se perdia em conversas íntimas porque a vida é de cada um. O mundo era a sua aldeia, onde se segava a palha, se retirava a madeira, se fazia fogo, farinha e pão, e se perdia o passo entre o cruzeiro e a capela.

Manuel ajudou a levantar o irmão Fuzarca, sacudiu-lhe a terra do colete e deu-lhe duas palmadas num ombro antes de o deixar, solitário e perdido, no meio da rua em frente à tasca. Aquele era o local onde qualquer homem questiona a sua identidade, uma espécie de santuário do *Eu*, o divã freudiano da aldeia. A maior parte dos machos da terra já ali tinham estado, quase sempre de copo na mão, olhos baços e nariz pingudo. Viver esse momento era uma passagem à idade adulta, um ritual iniciático sem o qual não se chega a ser maduro; ali se soltava um breve e inesperado questionamento: *Mas quem és tu?* Era como se o figurão fosse dois, um dentro e outro fora dele; um mirando o outro nesse momento de verdade.

Manuel sabia que a interrogação implicava uma resposta vasta a ser perscrutada nos céus e na terra, nos caminhos e nos degredos das almas, uma resposta que podia ser a morte de qualquer coisa, como a que dera o romeiro na peça de Garrett: *Ninguém!* Nesta resposta estava toda a essência do que é ser humano.

14
Os que pastoreiam e guiam

Diz ela que o padre Sebastião decidira seguir o conselho do cardeal Cerejeira e convocara uma missa pela saúde do *santinho*. O pároco da aldeia tinha sido colega de seminário do cônego Jerônimo, o sacerdote a quem o governante confidenciava os seus pecados, e sabia que assim, mais reza menos reza, estava a ajudá-lo.

Aproveitou a homilia para dizer que os homens são todos iguais, mas uns são os escolhidos e esses merecem proteção especial do bom Deus. *São os que pastoreiam, os que guiam, os que sabem o caminho e que, por isso, podem pedir obediência aos outros*, salientou. Na família, como na igreja, na escola, no estado, tem de haver um chefe.

A existência humana é injusta porque nem todos deviam morrer e é preciso afastar desta ideia malsã a responsabilidade divina. Se dependesse de Deus, Salazar nunca morreria e governaria o império para sempre. Mas o todo-poderoso nada pode fazer porque já herdou a ordem das coisas desta forma, argumentava o padre Sebastião. Convinha não pedir para as mudar porque *Ele* andava preocupado com o comunismo no Vietnã, os jovens desvairados na França, os russos a darem pancada aos checos, as inundações, os sismos, os campos flagelados pelas secas, mineiros presos em desabamentos e tantas, tantas desgraças.

Se cada um sofre na sua casinha e no seu seio familiar as suas domésticas intempéries, imagine-se quem tem de acudir ao mundo todo. Assim era, mas não havia maneira de deixar de insistir em que o nosso presidente do conselho sobrevivesse à maleita que o afligia. E logo na cabecinha, caramba! Se fosse um bracinho, ele escreveria com o outro; se fosse uma perninha, ele sentar-se-ia direitinho e, de punho certo e mão apoiada, haveria de assinar os decretos com que se faz o nosso mundo. Mas logo a cabecinha! Ao pedir a todos fé e convicção, o padre obteve um sonoro *sim*, capaz de fazer estremecer o diabrete aos pés de S. Bartolomeu e avivar o olhar piedoso do menino aconchegado nos braços de Santo Antônio.

O povo saiu da missa como o rebanho do Jorge, o pastor da aldeia que era capaz de emitir uns gemidos bravios que encantavam os bichos. Ninguém falou do velho ditador roído pelo cravo que lhe incendiava a massa encefálica. Todos e cada um o sabiam mergulhado num oaristo, um ajuste de consciência que se fazia em cada óbelo da sua espertina. O certo é que ele tinha vindo como os pródigos, de cabeça baixa e trancada, comer à mesa dos humildes, aos que dentro do templo tinham dito um *Pai Nosso* ou um solene *Ouvi-nos, Senhor!* para o ajudar a encontrar-se na confusão que deveria assombrar-lhe os pesadelos.

Haveria de ficar a dever-lhes isso, ainda que viesse a ser colhido pela santa morte que a todos leva.

Já na tasca, o Zé Violeiro diria, cínico, mas tirando a boina da cabeça em sinal de respeito: *Que a terra lhe seja leve como os penedos deste mundo!* Ninguém lhe deu corrediça ao dito. Falou-se de Olinda, uma rapariguita de uma aldeia próxima que fora enfeixar feno no palheiro com um irmão e que adormecera sobre a candeia de petróleo que levavam, pegando fogo a tudo. Perdera-se a moça, que fora encontrada já carvão, e a palha. *Oh, a palha, que pena!*, disse-se. E alguém sabia que a Volta corria o país, com os ciclistas a mourejarem sobre os pedais das máquinas como escravos revoltados. Um rapaz adiantou que Américo Silva era o *camisola amarela* e que andava à frente de um campeão belga que costumava ganhar tudo.

O povo não era estúpido e sabia que *esses belgas* traziam bicicletas com maravilhas cosicadas nas rodas, de modo a andarem mais depressa do que os outros; tudo aldrabices!

15
Olívia, os teus olhos!

Perante a agonia do celibatário ancião, o povo perguntava-se se era de fazer a festa a Santo Antônio. Talvez a procissão houvesse de sair em silêncio e, na quietude dos passos dos crentes, continuar assim ao longo de todo o percurso. Nada de estalar o foguetório bombardeiro logo pela manhã, nem deixar o Zé Violeiro e o mudo tocarem a sua sanfona, num dueto capaz de secar as tetas às vacas.

Podia ser ofensa, dizia o padre, e se pela capital e outras terras mais próximas se soubesse que ali se tinha zombado forte e feio em honra ao casamenteiro podia a aldeia ficar mal.

Assim, ao dilúculo não houve rebentação de pólvora. A Olivita saiu cedo de casa para enfeitar o andor do santo que haveria de sair sozinho. Resedas e sinoplas haveria ele de ter num entrançado cor-de-rosa, bonito de se ver e de deixar admiração em todos. Coroas de maias também, a fulgir de amarelos, e algumas cravinas de azul-claro, sinal de amor materno.

Prenderia nos ramos das flores, numa renda engastada com alfinetes, a sua coleção de santinhos nos quais se via Jesus, menino e homem, a crucificação, a sagrada família e o próprio Santo Antônio entre outros mártires, assim como o quadro do lava-pés de Maria Madalena. O seu preferido era um rosto do salvador, de cabelos longos caídos pelas costas, a barba muito bem aparada e penteada, as sobrancelhas acentuadas e os lábios rosados, única marca de cor no desenho a sépia. Olhava-o enternecida antes de dormir e sentia até um arrepio e um entumecimento dos mamilos. Invadida de pudor, guardava a imagem, não sem antes a beijar num ósculo seco, um simples e rápido encostar da boca à gravura, feito com os olhos cerrados.

Haveria, mais tarde, de passar um *hippie* pela aldeia, parecido com a figura do santinho, que ia a caminho de Vilar de Mouros para o festival de música e por quem a Olivita se apaixonou. Era um antigo *marine* mergulhador, uma espécie de Cristo que não andava sobre as águas, mas era capaz de se afundar nelas sem se deixar morrer; dir-se-ia um Jesus das profundezas marinhas, capaz de apaziguar os peixes e outros animais aquáticos. O homem perdeu-se alguns dias pela aldeia dormindo nos bosques vizinhos e passando quase todo o tempo a banhar-se no rio, num ritual de purificação. A Olivita viu-o várias vezes a sair das águas corredouras, seguindo o caminho das alpondras, de corpo nu, soltando a gaforina para a secar. Quando fazia este gesto, as gotas de água brilhavam à volta da sua cabeça e parecia ter uma auréola de luz igual à do Salvador; ninguém lhe tirava do pensamento que se tratava de uma vinda à Terra do próprio Cristo, ali à aldeia, numa singular homenagem à fé das suas gentes.

O Jesus-*hippie* haveria de partir deixando atrás de si o milagre de ter despertado na colecionadora de santinhos uma paixão funda e esgaivado o seu coração virginal para todo o sempre. Nunca mais seria a mesma, sobretudo depois de o ter visto tocando o sexo com uma das mãos e de como este lhe crescera mostrando vida própria.

A procissão saiu em silêncio e assim regressou. O santo esteve, depois, todo o dia assente na pedra em frente à capelinha, uma espécie de ara ancestral composta de um granito róseo, já amaciada pelos anos.

À noite, as mulheres que tinham dificuldade em engravidar haveriam de se esfregar na face do ancestral calhau e tornar depois às suas casas onde os maridos dariam uma ajuda ao santo, ejaculando no interior dos seus corpos. Não se sabia que os rapazes, ao descer o céu estrelado, já tinham, também eles, dado o seu contributo para o milagre, derramando sobre a superfície dura do improvisado altar o sêmen com que algumas engravidariam. E assim se manifestava, todos os anos, o poder do santo casamenteiro, mas, sobretudo, a fecunda e generosa ajuda à perpetuação das singulares gentes da aldeia.

16
A sagrada família

O Manuel Rato, *diz ela*, tinha uma missão especial no povoado – transportar a sagrada família. Ia buscá-la a casa de um e levá-la a casa de outro, num périplo que só ele e o padre conheciam. No fim da volta, a caixinha demandava à igreja onde se retiravam as moedas deixadas pelos fiéis e o padre, vestido com os paramentos e demais solenidades, lhe dava a bênção necessária para fazer *mais uma corrida, mais uma viagem*, como dizia o seu carregador. Assim abençoados, José, Maria e o Menino pareciam renascidos – os três descalcinhos, com os pés poisados sobre um plaino de erva de plástico, o primeiro de olhar baixo segurando um cajado, a senhora com as mãos juntas em prece e o menino olhando de frente, braços caídos sobre o corpo. Ao lado havia um cordeirinho branco.

O padre passava azeite pela madeira da caixa e untava as dobradiças das portas e da testeira para evitar a ferrugem e melhor funcionarem. O Rato seguia viagem pelos caminhos porque a sua romaria começava sempre por uma ponta da aldeia. Levava-a por uma pega mas, de vez em quando, para a descansar, agarrava-a pela parte de baixo e seguia cuidadoso. Nunca a tinha deixado cair; mesmo atacado por lobos na escuridão do bosque, o Manuel agarrou-a com uma das mãos e, segurando com a outra o baculino com que se defendeu da investida das alimárias, revelou-se seu protetor.

Como bom espinosista, Manuel acreditava que, sendo Deus imanência, estava em tudo e, portanto, também na sagrada imagem da qual era portador e, por que não, também no seu invólucro. Lembrava-se bem da proposição, *A natureza é sempre a mesma, e uma só e a mesma, em toda parte, sua virtude e potência de agir*, o que se traduzia num apostolado simples: *Deus sive natura*.

Durante algum tempo discutiu-se entre os fiéis mais chegados se a Chichona poderia receber a sagrada família; se o seu humilde casebre, feito de recônditas penumbras e onde se comerciavam fluidos carnais, poderia ser abrigo dessa presença divina.

O padre não gostava da ideia e os fiéis também não. Mas Manuel desferia os episódios de Maria Madalena, o de Afra, prostituta em Augsburg que chegara a ser queimada viva, ou ainda o de Maria do Egito que se retirou para o deserto levando consigo apenas três pães, depois de se ter dedicado à prostituição. O padre Sebastião ainda rebateu com um excerto muito em voga do sermão de frei Diogo Ximenes Arias de Alcântara que, de forma cóscora, invectivava ignomínias contra as mulheres que se deixavam perder. Em vão. Manuel recusava-se a transportar a sagradíssima família caso não pudesse inscrever no seu itinerário a casa da velha meretriz.

Foi por isto que, numa noite já fria de finais de setembro, Manuel Rato bateu à porta da casa da cortesã. Como não recebeu resposta, entrou. Estava ateado o borralho com cavacas já escurecidas, mas crepitava. No resto, havia um silêncio nada próprio. Não pôde conter a sua admiração ao ver jacente o corpo da velha. Poisou a caixa da sagrada família, abaixou-se sobre ela e virou para o fogo o olhar horrorizado. A mulher tinha marcas negras no pescoço e uma poça líquida suava-lhe as costas. Os olhos, abertos e esbugalhados, pareciam saltar-lhe das órbitas, e a boca, muito aberta, deixava adivinhar que tinha tentado soltar um grito. Estava nua da cintura para baixo e mantinha as pernas afastadas. Manuel poisou a sua cabeça sobre o seu colo e assim o encontraram de manhã, frio e tremelicante, a bater o dente em desespero. A caixinha da sagrada família estava aos pés de ambos, fechada e inerte como um caixão. Assim visto, o quadro parecia um estranho presépio de pobrezinhos.

17
Quando o mosto não se espuma

Diz ela que Aquilino escreveu que o camponês ignora o preço da vida humana mas não o de uma vaca. E narra como carpiram família e amigos depois de ter morrido, a um tal Benedito Chorrinca, um desses animais sagrados. Diz que Aquilino vai mais longe porque admite que o Chorrinca era bem capaz de ter trocado a vida do animal pela do pai ou da mãe já velhos e que só serviam para *calços de panela.*

Quem havia, pois, de chorar a Chichona, aterrada na aldeia como uma corvacha, já relha e lombeada de ócio, mas ainda assim a tentar os instintos dos homens? Fez-se um alor momentâneo, acercou-se gente da porta do casebre, os miúdos entraram pela penumbra a espreitar o corpo já coberto por um lençol.

Perguntava-se o povo pelo Manuel Rato, entretanto desaparecido em andaduras pelos bosques, depois que a Olivita entrara na casa e o vira deitado sobre o corpo da boneja, sagrada família poisada à parte.

Haveria de chegar alguém das autoridades, um cabo da GNR ou coisa assim, porque, para além do regedor, tornava-se necessário assinalar a morte inusitada e violenta da pobre. Os da esquadra local não tinham determinação para casos de morte. Partiu um dos Fuzarcas em direção a Mangualde para dar parte do sucedido e com a recomendação de poderem vir rápido, não fosse o cadáver começar a botar cheiro e a atrair o mosquedo que depois se espalha por todo o lado. Adiantou um dos presentes que o padre haveria de marcar presença e que se tornava necessário organizar uma batida ao Manuel Rato, que podia até já ir longe, sem intenções de voltar.

Também era preciso arrimar uma carroça que fosse buscar um caixão e procurar pela casa se havia dinheiro que pagasse as despesas. O Albano abriria a cova, mas sempre quereria uns tostões ou, pelo menos, um garrafão de dois litros para o palhete lhe assentar a dor.

À porta, no largo do cruzeiro, entre estas discussões práticas sobre a coisa mortuária, falava-se dos cachos, secos e podres, depois da inusitada chuvada que viera arrasar a colheita do ano. Em algum fruto dera-lhe o míldio e os bagos estavam ocos, só pele, sem carne e osso. Quem haveria de enfrentar o ano com um vinho assim?, queixava-se o Galênia. Sem vinho não há homens para cavar e sem cavadores nem uma couve se dá. O mosto não se tinha espumado nos lagares e parecia uma água mortiça que não azedava. Os pisadores salientavam que não havia bagos e, num instante, saltavam dos tanques com a tarefa cumprida. Houve quem chamasse o padre a dar a benzedura, mas não pareceu ter adiantado. O pior seria a tragédia dos serranos que estavam sempre à espera de esponjar o vinho novo com a castanha, e só dali, da benfazeja aldeia, partia uma camioneta aos solavancos, misturando serra acima brancos e tintos, que tudo é de beber.

Batia um sol baixinho quando o Fuzarca mensageiro se fez chegar com dois guardas num jipe já bastante velho. *Diz ela* que os homens entraram, viram o que tinha de ser visto e mandaram enterrar a mulher. Que tinha sido morta, isso via-se, bastava olhar-lhe a pescoceira onde até os dedos do esganador tinham deixado marca evidente. Havia de se saber quem fora, porque fosse lá a mulher o que fosse, matar não é coisa que se faça.

Hoje mata-se um, amanhã outro, e daqui a dias, dizia o cabo da guarda, está tudo morto. *Nem há quem os enterre!*, adiantou.

Chegado o caixão, embrulharam a Chichona no lençol com que a tinham coberto e puseram-na no esquife entre os resmungos do Alberto Carpinteiro que ia dizendo que alguém havia de lhe pagar. Pregou-se a tampa com cavilha de polegada e meia, batida em marteladas certeiras, três por cada uma. No dia seguinte, feitas as vinte e quatro horas, era pô-la numa carroça e chegar ao cemitério. Ao saírem, repararam que a sagrada família aguardava entrega, poisada no chão, quase abandonada; perante a indiferença dos presentes, foi o padre Sebastião que, deitando a mão à pega, a levou como quem transporta uma malinha de viagem.

18
A bátega galgante

Diz ela que a avó fez um borralho de rosmaninho a arder. Juntou-lhe carqueja e alecrim e das umidades do folhelho soltou-se um fumo oloroso que encheu o casebre da velha Chichona. Num panelão botou água a ferver e dentro folhas novas de eucalipto e ouriços secos de castanheiro. Nas escaditas de acesso tinha queimado um ramo de loureiro e espalhado as cinzas, as quais sujavam os pés a quem entrava. Sobre o caixão poisara um ambulo onde punha e tirava os dedos, fazendo desenhos sobre a tampa com os unguentos sagrados.

Recolheu-se depois numa oração, não de joelhos, mas de cócoras, as mãos enganchadas entre as pernas e o ventre; deste modo baloiçava o corpo como um pêndulo, ao som da toada de uma reza que mais parecia um canto oriental de embalar meninos.

Diz ela que a avó e a Chichona tinham forma de se entenderem. Dava-lhe ramos secos de plantas várias que serviam para as infusões e recebia, às vezes, paninhos bordados para cobrir a leiteira, a puxeira da água ou do vinho ou o que calhasse. A falecida rendilhava pétalas de florinhas, pequenas e miúdas, porque o fio era caro. Mas sabia, como ninguém, dar cor à alvura do pano-cru no passajar da agulha.

E, enquanto cirandava nos seus cuidados mortuários, a avó ia dizendo: *Bendito seja o céu que me recebe, e o senhor que me concebe, nossa senhora que é mãe, assim fui eu na terra e o serei no além, ser mulher é uma luz, bendita seja a nossa cruz, arrecebei-me, amém, Jesus.*

O padre fazia dobrar o sino duas ou três vezes, tantas quantas a importância do *de cujus* mandava. No caso, fora apenas um repique que ecoou pelos quelhos da aldeia, triste e sem força.

Os homens não apareceram e apenas meia dúzia de mulheres acudiu ao chamamento do retinente badalo. Fez-se o caminho com a reza magoada do costume; nestas alturas, não se sabe por quê, há sempre um danado de um cão que se põe a uivar, e assim foi. Alguém lhe atirou uma pedra para o enxotar, mas o animal insistia em acompanhar o féretro, também ele em ladainha.

Baixou à terra. *Que ninguém se oponha aos desígnios do Senhor*, alertou o sacerdote, pois não há criatura vivente que escape à sua condição; *és pó e ao pó tornarás*, concluiu. E as mulheres olharam umas para as outras e lembraram-se do ditador em agonia.

Veio depois uma bátega das que fazem o rio transbordar. O céu encheu-se de nuvens muito negras e grossas que se acumularam para os lados das serranias; aos poucos, desceram, como se acamassem sobre toda a cova da Beira; bateram-lhes raios que cruzavam os céus e ribombavam em estridente trovoada. E a chuva caiu, grossa e certeira, sem vento que lhe desse, pingona como navalhas enfurecidas.

Encheram-se as ruelas de água a marulhar e o álveo subiu, trepou as margens pedregosas e num instante era uma força galgante, carregada de paus e ramos, canas e todo o tipo de restolho. As folhas secas de outono pareciam barquinhos, num deslizar liberto e solto, quase náufragas. Por todo o lado havia peixes enchendo os baixios, saltando como se resistissem à corrente, marchando num alvoroto pelas pedras aguadas dos caminhos e ruas; abriam as bocas e exibiam as guelras muito vermelhas em puro sangue. Parecia coisa de outro mundo ver assim os animais da água em terra de gente e criaturas de outro tipo.

As mulheres colavam as trombas às vidraças, com lenços pela cabeça, e via-se nos seus olhares a mais pura das inquietações. Que dera ao demônio? Alguém fosse à capelinha ver se o cão danado estava amarrado e aos pés do santo que também foi barqueiro! Que se acendesse uma lamparina aos seus remos, mas longe dos dentes do mafarrico!

Houve quem visse passar a Olivita, de capa feita de palha seca pelas costas, e entrar na orada. E, fosse como fosse, o dilúvio foi acalmando até se tornar só um princípio de noite escura. Toda a aldeia parecia uma alverca.

19
A lagarta e a borboleta

Passaram muitos dias sem que se soubesse do Manuel Rato. Havia já quem dissesse que tinha voltado a Fall River e que atravessava diariamente o rio Taunton, cruzando, no seu passo inquieto, a Charles Braga Memorial Bridge. Outros diziam tê-lo visto pelas cercanias, ora num cerro, ora numa lomba, e aparecia sempre alguém que assegurava tê-lo divisado nesta e naquela aldeia mais distante.

Todos os relatos davam como certo que caminhava gesticulando como se batesse umas asas impróprias para o seu corpo e que subiam e desciam à toada do seu linguajar íntimo.

Na campa da Chichona apareciam campainhas, outras flores do campo e pedaços de ramos com bagas que as aves vinham comer. Representavam, por certo, as saudades de algum dos seus companheiros de amor efêmero, agrilhoados à lembrança do seu corpo.

Diz ela que o Albano parava à sua porta quando por lá passava depois de vencida a jornada e, num flectir do joelho, como se estivesse diante de um altar, fazia no peito o sinal da cruz. Outros deixavam um pão, um pedaço de broa no cimo da escadaria, que os pássaros e os cães tratavam de vir comer, e alguns havia que lhe deixavam garrafas de vinho e aguardente e acendiam lamparinas no sítio onde ela se escarranchava de pernas abertas, sem roupa interior, cabelos estendidos, costas apoiadas no esteio granítico da porta.

Os homens saíram uma noite numa batida, depois de sorvida uma aguardente em canecas de alumínio, misturada com pedaços de maçã bravo-de-esmolfo para amaciar o ardor da branquinha. Tinham consigo as caçadeiras e os cartuchos e, se não encontrassem o Manuel Rato, coelhos e perdizes haveriam de caçar. Alguns traziam cães, uns, por sinal, mazorreiros, mas dedicados e fiéis.

Bateram-se os caminhos e as estreitas passagens entre arbustos e ramos baixos das árvores mais jovens, galgaram-se raízes e espreitaram-se as taliscas das rochas, subiu-se aos cerros mais calvos para um olhar ancho que permitisse ver longe, mas nem rasto do macanjo do Manuel.

Parecia-lhes ouvir, às vezes, uma aravia em descontínuo, um aranzel monocórdico que ameaçava estar no tronco das árvores ou no mato mais fechado ou, ainda, no restolho folhoso onde assentavam os seus passos. Mas não havia vivalma. O mariposo Manuel Rato devia volver-se ora lagarta, ora borboleta, e assim arrastar-se pelos troncos das árvores e arbustos e, logo depois, sobrevoar a copa das ditas batendo as asas e movendo os cornichos de satisfação.

Era preciso dar tempo ao tempo, dizia um dos Fuzarcas experimentado em andarilhar pela mata e em perseguir caça. Era necessário que o esquivo figurão se sentisse seguro e relaxasse os seus cuidados de modo a, num deslize, ser visto e capturado. Até lá, qualquer lura o tiraria da vista do mundo.

O arrependimento não é virtude, refere uma das proposições da *Ética*, pelo que não era de esperar que Manuel Rato, ainda que feita a indesmentível prova, viesse a retratar-se do seu tresloucado feito.

O importante, como acontece em todos os casos de morte inesperada e violenta, é satisfazer a curiosidade dos homens e saber o que sucedeu. Que sentimentos se ocultavam num ato daqueles? Que frêmito, que fervenças da alma ou dos corpos moveriam alguém a apertar o pescoço da velha manceba até a morte? E depois havia a doida esgana, o passamento, a altiva e sendeira mulher da ressega. Porque a palavra só faz sentido no plural – mortes –, uma vez que nenhum golpe é igual a outro, nenhum finar-se se reduz aos que já foram. Não saber como se tinha passado o episódio seria não inscrevê-lo na narrativa da aldeia, e na história das gentes não pode haver estes hiatos.

20
A pedra e o lume

A aldeia e arredores tinham pedra cabonde para encher o mundo. Parecia que o criador tinha depositado no local tanta rocha quanta tinha; e se alguma estava imersa no solo, outra tinha sido largada quais pingos de uma borraça fazendo pedriçais e terras de cascalho onde não se podia meter relha nem ferro.

As gentes afinaram no espírito uma latria própria aos calhaus, uma devoção agreste e pagã que os tornava quase deuses. Utilizaram-nos como altares e terreiros de feiticeiros e bruxas, tectos, paredes e pisoteio de capelas e oradas, nesgas de alminhas, cruzes e marcos de morte. A pedra casa-se com o lume e é pasto das águas. Nela se esventram os animais, se deitam os recém-nascidos em noites de lua cheia para os desquebrantarem, se deixa pingar o sangue da caça e o sêmen dos homens e se esfregam as mulheres em rituais de fertilidade. E a matéria é Deus e demônio, tantas vezes coberta da cera das candelinhas em que ora se desenham rezas, ora se pregam maus-olhados.

O Antônio Labruaco vivia das pedras; mandava-as estoirar como bombas e depois partir ao tamanho do desejo do cliente, consoante o fim que se lhe quisesse dar. Fazia sociedade com o Augusto Fogueteiro, um negociante de explosivos, capaz de ganhar uma guerra sozinho se nela se metesse. Tinham decidido rebentar penedos e vendê-los a bagajudo e, como havia mais pedroiço do que árvores, ganhariam muito mais do que os madeireiros. Um e outro tinham mais amor ao dinheiro do que à família ou a qualquer outra coisa.

O negócio era bom: se o terreno não tivesse dono ou estivesse a família toda emigrada, não se tugia nem mugia, era chegar, colocar-lhe o lidite e mandar a pedraria pelo ar; se o proprietário estivesse por perto, abordava-se de forma maneirinha, dizia-se-lhe que a intenção era limpar-lhe o terreno do estorvo do calhau a troco de qualquer coisa, isto é, ainda se recebia algum, e depois era fazer o mesmo trabalho. Nem por sombras se devia desvendar que se ganharia dinheiro à conta do pedral.

Claro que nem toda a pedra era boa; havia muita que se esboroava à primeira pancada e volvia pó com facilidade. E depois, embora fossem ambos ladinos e de verbo fácil, tinham muito para aprender no ofício do rebentamento. Não era chegar e *bum*, não! A coisa tinha uma ciência e uma técnica – era preciso encontrar uma alma ao pedregulho, reconhecê-lo como um ser vivo que já tinha sido. Algures em cada penedo bate um coração e tornava-se necessário sentir esse pulsar. De modo que, quando encontravam material bom, andavam ambos, dias a fio, a rondá-lo. Primeiro deitavam-lhe o olho até descobrirem tudo, depois sentiam o cheiro em cada recanto, de seguida encostavam os ouvidos à sua face para escutar o seu interior e perceber como vibrava; assim, aos poucos, iam ganhando amor à substância e começavam a amá-la como sua. O Labruaco só avançava quando ouvia o sócio dizer: *Esta pedra é de categoria!*

A quantidade de explosivo a usar era outra aprendizagem. O ideal era que a rocha estalasse e ficasse no sítio, quebradinha, certinha, pronta a recolher; se fosse pelos ares, desfeita em pedrulhos, era um problema. E o explosivo estava caro.

Havia algumas, no entanto, que não se deviam tocar. Pela forma e por qualquer outra mística que lhes estivesse associada, não convinha rebentá-las. O povo é danado para ver carantonhas nas penhas e nos rochedos; ora do demo, com os seus cornichos virados a oriente, ora do bom Jesus, ora o terno rosto de Maria ou um animal qualquer que, talhado na rocha, ganha uma importância vital: porcos, javalis, aves de rapina de asas abertas e bicos aduncos; tudo servia. Visto por todos os lados, não havia calhau que não representasse alguma coisa; os mais frequentes eram os rostos de velhas, e havia quem acreditasse que sempre que morria uma anciã o seu espírito ia morar nessa vetusta matéria.

E havia os aerólitos; as pedras que provinham dos céus e eram mensagens do Senhor aos terráqueos. Ali bem perto, na mata do terrunho, havia um rochedo desses que os velhos tinham visto descer incandescente e perfurar o espaço como uma bola de fogo. Tinha provocado um incêndio numa boiça e retirado a cama aos animais. Quem o viu, já semienterrado num buraco e ainda a fumegar, sentiu temores e febres durante dias e dizia-se que o primeiro homem a enfrentá-lo tinha ficado ceguinho. Na face a descoberto, muitos divisaram o rosto da Virgem do Perpétuo Socorro. Um dos que viam o rosto da Santa Mãe era o pastor Jorge e logo se confirmou como os homens do pastoreio têm uma ligação muito próxima com o divino. Depois disso, o rebanho dele multiplicou-se de uma forma inusitada, com crias atrás de crias; e, se o pastor seguia as ovelhas, era sempre para junto da pedra que elas o levavam.

Cravou-se uma cruz de ferro no penedito e, na sua sombra, é possível, ainda hoje, saber as horas se o dia estiver de sol.

21
Uma marca na rocha

O que se dizia era que o Manuel Rato tinha entrado por uma pedra dentro. Assim, literalmente. Tinha furado a sua parede como o fazem certos bichos à madeira. Uma vez admitida a tese, as versões dividiam-se. Havia os que afiançavam que dormitava, deitado como um abade à sesta, e outros que garantiam que se tinha encolhido, virado para o lado onde o sol nasce, e que se amarrara a uma espécie de sono profundo e eterno.

Os egípcios tinham feito a mesma coisa em tempos primevos e os índios também tinham erguido umas pedras em escada onde se escondiam do mundo. Tudo isto sabia-o o Júlio Peixeiro que lia jornais e cuja frase predileta era: *Eu leio jornais, sabem?*

Havia um penedo, vinte passos acima da margem do rio e já dentro do bosque, com um bico apontado aos céus, que tinha uma marca em que se divisava, aplicando algum esmero, o esboço de uma figura humana. Garantia o pastor Jorge que só podia ter sido por ali que o Manuel Rato se tinha escapado. Junto ao chão, daquele lado, alguém tinha raspado breves palavras onde se podia ler: *O ódio nunca pode ser bom.* Ninguém sabia, claro, que esta era uma das proposições do livro do filósofo proscrito que o Manuel Rato tanto admirava e cuja obra bem conhecia.

Apesar da crença instalada de que o desaparecido tinha matado a prostituta da aldeia, a pedra começou a ser procurada para rituais pouco convencionais. Apareciam velas acesas no seu dorso, galinhas com o pescoço meio cortado que eram deixadas a sangrar, ramagens de penas negras de aves, peles de animais, sobretudo de cabras – e, destas, algumas vezes, as patas ou os cornos –, raízes, pernadas de azevinho, louro ou zimbro e muitos outros objetos.

O rochedo tinha sido transformado num altar pagão de intenções diversas, todas tendo por aliado o sobrenatural. Lá dentro, encaixadinho como um monge, Manuel Rato haveria de providenciar a satisfação dos pedidos que lhe faziam caso lhe aprouvesse. Se a crendice não era assim, andava perto. Parecia que, de uma forma velada, as gentes da aldeia não censuravam o pretenso homicida.

Diziam alguns que, se a noite estivesse com a lua em quartos, o pedrenista, esgarabulhão de feitio, saía do seu esconderijo e passeava pelos caminhos como sempre fizera, pregando a sua filosofia às plantas e aos animais. Havia quem tivesse observado uma sombra para um lado e para o outro e, juravam alguns, que até falava americano. Depois, ao alvorecer, esgaivava-se pela rocha e nela desaparecia.

Não se sabia muito bem em que tipo de deidade se tinha constituído o ex-seminarista. *Diz ela* que o padre não gostava da irmandade de almas que vinha crescendo à volta do pedregulho e do seu eremita e que não perdia a oportunidade de fazer menção aos céus e à ascensão para demonstrar que na Terra se fazem milagres, mas não se criam deuses. O povo continuava a sustentar as duas crenças. Podia o padre descansar, que não faltaria esmola na missa e que a caixinha da sagrada família continuaria a saltitar, cheia de moedas, de casa em casa. No mais, havia o céu e a terra, a subida às alturas e a descida. O povo, como dizia o Manuel Rato, é amenista.

Acontece por vezes que as pedras se esvaem em muitas águas, significando que o ser nelas incorporado lacrimeja as suas mágoas num pendor e numa toada dolente que se afere pela forma como o líquido escoa. Outras vezes, a pedra sangra e aparecem nela vestígios de linfa que coagulam em contacto com o ar. Desta feita, a situação é mais grave: o empedernido sofre as agruras que Cristo padeceu na cruz quando as chagas o dizimaram em dor e pranto. No caso do calhau do Rato, não se passava nem uma coisa nem outra. Só uma estranha temperatura sinalizava que havia dentro dela um espírito inquieto como uma brasa.

22
A palpabilidade do salvador

Em todas as aldeias há uma quinta. A de S. Gregório era propriedade de um ex-ministro do governo do ditador que estava à beira da morte. Brigadeiro de artilharia, o troar das peças a lançar fogo tinha-lhe rebentado os tímpanos e deixado qualquer coisa a chocalhar-lhe dentro da cabeça. A casa e os seus terrenos tinham sido comprados pelo antigo governante a um tal doutor Simão, cujo fantasma todos diziam pairar pela casa e pelo labiríntico jardim das traseiras. Além de passear já morto, o doutor Simão tinha o hábito de tocar sonatas ao piano quando as *soirées* eram propícias. O homem havia exigido que lhe abatessem os cães aquando da sua morte, o que, pensava-se, constituía um costume antigo. Talvez por esta razão, quando se ouvia o piano tocado pelo fantasma do doutor Simão, todos os canídeos da terra desatavam a uivar uma sinfonia inaudita.

A quinta e os seus terrenos eram mais de metade da freguesia, mas nem toda a área estava murada. Certamente um dia houvera em que tudo pertencera aos domínios do solar de arco perfeito e escadaria dupla. Nessa altura os aldeãos seriam servos da terra, cavadores obrigados a pagarem em gêneros o que tiravam para as suas bocas e as dos seus. A diferença não era muita.

Diz ela que no imóvel habitava, então, uma só pessoa: uma mulher que ninguém sabia que parentesco tinha com o velho brigadeiro. Ao que constava, havia na casa um televisor, uma caixa de luz mágica onde andava gente dentro. E acrescentava o pastor Jorge que havia quem se admirasse quando se dizia que o Manuel Rato estava a viver dentro de um rochedo!

Em boa verdade, a quinta quase não pertencia à aldeia. Eram mundos separados e diferentes. Dizia-se que havia, na sala, uma enorme fotografia de Salazar, que tinha passado férias na mansão. O ditador apreciava a quinta também pelo nome, pois sentia admiração pelo papa que tinha difundido o canto gregoriano. Se tivesse falado com Manuel Rato, o empedernido, o governante teria ficado a saber que era a Gregório que se devia o dogma da palpabilidade do Cristo ressuscitado, e o sábio poderia dissertar sobre o assunto, vertendo todos os argumentos do imperador Tibério que deram razão ao antiste.

Diz ela que se suspeitava que a Chichona tinha sido amante do brigadeiro na altura em que ambos tinham vivido na capital e, por esta razão, tinha dado com os costados na aldeia. Contudo, não havia certeza, e se alguém poderia saber mais era aquele que vivia, então, no interior de um calhau sagrado, pois mantivera conversas com a marafona noites a fio.

Depois da visita do médico americano que o viera examinar e da sua substituição pelo homem que disse *Agora deixem-me trabalhar*, já pouco se falava do ditador que agonizava no leito do hospital da Cruz Vermelha. Na aldeia nada se sabia de um e de outro e os seus destinos pouco interessavam aos habitantes. Os rapazes continuavam a ir para a França quando chegava a idade de entrarem para a tropa e, para tal, bastava encomendá-los ao João Passador, que fazia contrabando na fronteira transportando máquinas *Singer* às costas.

O Passador encaminhava-os por trilhos que conhecia como ninguém, pagava a um guarda aqui, a outro ali, enfim, tinha o esquema do *salto* todo montado. Era um estirão a pé pelas serranias fora, mas se assim não fosse tinha de se ir para a África dar tiros e matar gente.

O brigadeiro, ministro do exército, marcava-os ainda rapazinhos e andava de olhos em cada um para não os deixar escapar. Ameaçava os pais com promessas de prisão se os pequenos desapareciam. Foi assim que o Fogueteiro e o Labruaco andaram por Nambuangongo, soldados que foram do batalhão de caçadores 96, de onde vieram experimentados em rebentamento de petardos, desairosos e salazes, mas também politraumatizados no corpo e no espírito.

23
A estrema e o *Guernica*

Diz ela que havia um homem nu a comandar o trânsito. Mais premonitório do que o sismo de escala considerável que abalara terras e águas mesmo no findar de fevereiro, era a figura deste sinaleiro, a meio da noite, iluminado apenas pelos faróis dos carros, a dirigir o tráfego. Esbracejava tal como um zangão bate as asas e virava a cabeça em todas as direções enquanto gritava como se o mundo fosse acabar. E, certamente, ia.

Eram três e quarenta e cinco quando todos acordaram com o estremecimento. As ondas ganharam alturas desusadas e até as agulhas dos sismógrafos saltaram. Evacuaram-se doentes e o país entrou em pânico. O abalo sentiu-se em Barcelona e Los Angeles. Dias antes, uma rapariga de nome Simone, com um penteado levantado quase parecendo uma extraterrestre, cantava uma canção chamada "Desfolhada", coisa que o povo sabe o que é, mas não percebia os seus versos que mencionavam o ato de fazer filhos por gosto, o sol que queima e o vento que beija. Ora, as gentes só conhecem o astro-rei quando este lhes aloira os trigais, lhes incendeia a mona e as faz ter tristezas, como as dos camarções e pinhais a arder monte acima, igual a um jerico que rapa o espinhaço da serra como, *diz ela*, retratou o poeta O'Neill. E o vento traz o uivo dos lobos e as línguas de fogo, fundas como espinhos cravados na testa de Cristo, que em nada se relacionam com a terceira pessoa da Santíssima Trindade.

Foi por esta altura, um fevereiro estranho, que alguém se lembrou de que a estrema dos lugares estava mal e decidiu mudar de poiso as alminhas que faziam de marco divisório. O esforço tinha sido pouco e rápido: pegaram no monumento pela base e transplantaram-no para diante, deixando-o à sombra de um carvalho que, naquele sítio, devia demarcar a fronteira.

Ainda o cimento não tinha secado, colando a guarida de Nossa Senhora ao solo, e já alguém a tinha devolvido ao seu poiso inicial. Andava, assim, a santa e respectiva alma para cima e para baixo como um acampamento cigano, quando os partidários das duas teses se juntaram no local munidos de paus e enxadas. Os mais apaziguadores salientavam não a demarcação das aldeias, mas a possibilidade de a mãe do Salvador poder ficar à sombrinha da árvore no seu eterno repouso.

Certo é que há no mundo sendeiros de mau trato e de pouco juízo, de modo que os presentes se envolveram numa cambulhada de romper cabeças e, num repente, já não havia testa onde não escorresse sangue nem ombro ou braço por amassar. Esgarabulhados os homens como cães, havia-os de quatro pelo chão, gritando e palavreando e lançando doestos e vitupérios em arreganho. *Diz ela* que o quadro vivo se assemelhava à *Guernica*, faltando apenas o toiro com os seus cornos, o cavalo e pouco mais. Alguns dos escaramuçadores foram abandonando o campo de batalha de mão à ilharga, coxeando em várias direções, arrastando pés maltratados e outras partes condoídas. Em casa, como era costume, as mulheres esperavam-nos com pachos quentes remexidos numa almofia com flor de sabugueiro, que lavavam e ajudavam à ambustão das maleitas. Como lenitivo, bebia-se um vinho aquecido, adoçado com açúcar amarelo e temperado com pau de canela.

Tudo não passava do palpitar normal de uma comunidade isolada e pobre, perdida no meio de uma gigantesca cova, mas para a avó, *diz ela*, eram sinais de outras coisas. A velha falava, então, das mós a rodarem nos moinhos e na água que os atravessava pisando-lhes as pás; dizia que a farinha se engrossava por mor de o cambal deixar cair o cereal mais fino e que o tangedouro já não controlava o grão. Afiançava que a tremonha estava virada do avesso e que o adelhão se revoltava.

Ninguém sabia de onde lhe vinham tais termos nem onde os tinha aprendido, muito menos se percebia o que queriam dizer.

O avô regedor, na sua santa paciência, mandou chamar o moleiro para decifrar o canto da mulher. O homem percebia o que a idosa queria dizer no que respeitava ao cereal e à farinha e ao modo como o moinho, aquele, estava a trabalhar mal. Mas não podia perceber que ela falava de outras coisas: do país e do mundo, da vida e da morte, da terra, do fogo e do ar. Falava como só uma feiticeira o podia fazer, juntando os elementos que tangiam as cordas dos deuses e dos astros.

24
A pureza da farinha cambeira

A ideia do padre era pôr o Fogueteiro e o Labruaco a rebentarem a pedra onde estava metido o Manuel Rato. Chamara-os à sacristia, ao recato das beatas, para lhes dizer que deviam, em nome da santa fé, mandar o pedregulho pelos ares. A coisa tinha atingido proporções de que nem o bispo gostava e pelas quais já lhe tinha puxado as orelhas. Fazia lá sentido andar a divinizar um calhau onde supostamente estava enterrado um doido procurado pela polícia e com fama de assassino!

E começava a vir gente de outras aldeias com bracinhos e perninhas de cera, ajuramentada em curas que lhe tinham sido feitas. De mão em mão, sem saber da sua proveniência, passavam papelitos em que se lia uma oração a pedir à pedra e ao *santo* que dessem acolhimento a uma variedade enorme de melhoras.

O homem, dizia o pároco, *nem sequer era católico! Tinha umas crendices animistas que davam para sufragar ao divino o que quer que fosse*, adiantava, demonstrando desprezo e esquecendo-se de que a personagem era o transportador oficial da sagrada família.

Diz ela que a avó, nessa altura, passava farinha cambeira pela cara e vinha assim para a rua. À noite parecia um fantasma com o rosto muito branco refletindo a luz do luar. Era até possível que alguém, assustado, desse um tiro à desgraçada, e depois se veria como a brincadeira tinha dado para o torto, acentuava o clérigo.

O que a idosa queria com a sua atitude escapava ao comum dos mortais, mas pelo sim, pelo não, havia quem espalhasse farinha na pedra do Manuel Rato. Sabia-se que a farinha tinha o dom de purificar o que tocava e que dela se fazia o sagrado pão, não só aquele que o diabo amassou ou o que Job se viu obrigado a comer com excrementos, mas também o que acamava as barrigas e matava a fome.

À proposta do reverendo, o Labruaco esquivou-se. Rebentar pedras rebentava ele, mas sem gente dentro. E, depois, o que pensaria a irmandade da pedranceira? Atirar-lhe-iam as culpas e o negócio ia-se abaixo. O Fogueteiro era mais pragmático: tudo dependia de quanto a paróquia ou a diocese quisessem pagar; no entanto, a importância merecia ser considerável porque podia dar-se o caso de quererem vender depois o restolho do penedo em pequenas fracções abençoadas. E dizia, olhando o padre: *Por exemplo!*

Não pensas mal!, adiantou o padre com um brilho nos olhos. *As pedrinhas, benzidas e ungidas, podem vender-se por bom dinheiro. Mas isso será o dito, que nós, homens de Deus, não daremos a cara ao negócio, ou seja, não nos metemos!*, esclareceu de imediato e para que não houvesse dúvidas. O Fogueteiro, no entanto, suspicaz como era, teve necessidade de deixar as coisas bem claras: *Mas não se metem, não se metem, ou...?* O sacerdote tossicou e deu-lhe a resposta: *Ou!*

Saíram os dois sócios das eclesiásticas instalações de boné na mão e passo manso. O Labruaco foi o primeiro a falar: *Não é coisa que me agrade rebentar o penedo! Tanto pedroiço que por aí há e o diabo do homem encomenda-nos logo aquele? O povo dá cabo de nós!* O Fogueteiro estacou a caminhada e sacudiu o boné. Olhou de largo o cruzeiro e deu de caras com a porta da Chichona, as escadinhas onde a velha se sentava, a porta descaída. *Ele matou a mulher, coitada! E agora esconde-se dentro do calhau? Eu sei que ela era uma boneja, mas era gente, não era? E aquela pedra é uma categoria!*, dizia, ofertando uma carranca entristecida.

O Labruaco adiantou-se, cobriu a cabeça com o boné axadrezado e pôs as mãos nos bolsos. Um cento de ideias passou-lhe pela mente, rápidas como um marantéu. Via o penedo a rebentar em sucessivas explosões e o bagajudo a soltar-se pelos ares e a cair como granizo por todo o lado. Na sua visão apareciam as gentes enfurecidas numa trabuzana de assustar demônios. O corpo do Manuel Rato disparava igual a um foguete pelo meio do festival de pedras que caíam e desapareciam entre as nuvens muito brancas e enfunadas. E nesta altura veio-lhe à ideia a expressão que ouvia tantas vezes na missa: *E subiu aos céus, onde está sentado à direita do pai.*

25
Pisar a Lua e seguir

Diz ela que a dona Maria, a governanta, levou o velho para o palácio de S. Bento. Os médicos ordenaram-lhe que desamparasse a loja com o traste e, como não tinha casa para onde ir, o sujeito da queda retirou-se para a sua residência habitual como se continuasse a ser o presidente do conselho de ministros. Uma ambulância da PSP fez a trasladação.

Pouco depois, os jornais anunciavam que o homem ia pisar a Lua. A notícia correu a aldeia sem que a fonte se pudesse identificar. Eram rumores que corriam de boca em boca, de dito em dito e nanja se sabia de onde provinham. Chamava-se Armstrong o homem que iria pisar o satélite pela primeira vez; estivesse por ali o Manuel Rato e diria logo que o nome do astronauta queria dizer tudo: *braço forte.* Também se dizia, e isto, sim, era importante, que tinha sido uma portuguesa a coser a bandeira que os americanos iriam espetar em solo lunar – Maria Isilda Ribeiro de seu nome, uma emigrante de Vagos.

As opiniões cindiam-se, entre os que duvidavam, os que desacreditavam, os que estavam a favor e os que estavam contra. O Albano achava que se houvesse no astro chãs e regadas onde se pudessem fazer carreiras de milho zaburro era de entrar por ele dentro, a toque de enxada e relha, que terra daquela, onde o homem não tinha ainda botado mão, bastava aricar com jeito que ficava logo maneira. Mas o Galênia duvidava. Olhava-se para o satélite, visto da Terra, e percebia-se que *aquilo é tudo pedra! Não passa de um calhau redondo*, dizia. *É boa para o Labruaco e o Fogueteiro irem para lá fazer rebentamentos!* O Zé Violeiro adivinhava-lhe minérios. E ele, que tinha andado nas minas, atirava logo à discussão com os silicatos, os haletos, o cobre, o ferro, o ouro e um sem-fim de nomes de coisas que a terra dá; e acrescentava, tarasco: *A terra não é só batatas e feijões!*

Um dos Fuzarcas tinha uma noção escatológica da lua. *Olha, ouro!*, exclamava de forma provocatória suscitando o riso de todos. *Aquilo é tudo merda, caca, estrume! Aquela bola não passa de um muladar!*, gritava.

Também não faltava quem defendesse que, no caso, havia maranha, teia, enredo. Andar tanto havia de dar algum dinheiro a ganhar a quem lá ia. Aventava-se, então, a possibilidade de os americanos irem buscar *dólaras*. A explicação era simples: quando alguém perde uma nota, para onde é que ela vai? Assegurava o Cachaca que há uma espécie de magneto que puxa o dinheiro para a lua e que se alguma estrumeira existe no sítio há de ser de notas e moedas. O Miguel Trancho contrapunha, escorreito, que nunca vira notas a subirem pelos ares, como se galgassem caminho em direção ao astro. Podia ser que elas subissem quando todos dormiam, mas os padeiros ou os guardas-noturnos, por exemplo, haveriam de vê-las.

Não se sabia na aldeia que o deslumbramento dos homens pela lua tinha sido apagado havia séculos quando a primeira bíblia difundira o pensamento de Isaías dizendo que a cidade de Deus seria iluminada, não pelos astros, mas pela luz do próprio criador. Isto bastava para que se o Manuel Rato estivesse presente dissesse, de voz trêmula, que o importante era a viagem, essa distância-tempo que colocaria os homens numa outra dimensão, justamente aquela que não conhece limites. O importante não era ir à Lua, mas sair da Terra. Abandonar o berço, a casa, ganhar mundo e universo. Assim se fazem os homens e os povos. Ele sabia desta bonança, pois gostaria de o fazer e não o conseguia. De onde lhe vinha o ser fragueiro, se não desse anelo constante de se escapulir, de desaparecer, de airar?

Certo é que em maio o foguetão não partiu. Só em julho a tarega se elevou aos céus com os três galopins lá dentro e a tal bandeira que tem o mesmo nome da marcha do nosso John Philip Sousa – *Stars and Stripes.* Nessa altura andava o padre Sebastião preocupado, não com a lua e as suas mundanidades, mas porque o bispo do Porto, D. Antônio Ferreira Gomes, tinha regressado, ao fim de dez anos, das férias que fora passar ao estrangeiro.

26

Tomai e comei todos!

Todas as crianças sabiam que a notável coleção de santinhos da Olivita se tinha feito à custa dos restos das hóstias. Era ela que fazia o *Corpus Christi* para ser tragado durante a missa sem que os dentes o tocassem. Aproveitava, então, as bordas que restavam do corte circular das peças e fazia um estranho negócio com a miudagem que frequentava a catequese: trocava-as por santinhos. Mas a pequenada não entrava no santificado comércio sem antes saber dizer as palavras mágicas que deveria debitar no momento da troca: *Erguendo o pão o mostrou aos discípulos dizendo: tomai e comei todos, este é o meu corpo entregue por vós.* Só então se dava o altíssimo tráfico: pedaços de hóstia embrulhados em papel vegetal numa mão, santinhos na outra. Não era uma feiração qualquer, como se depreende; era um ato formal carregado do mesmo simbolismo que os artigos possuíam.

A Olivita recebia os imaculados bilhetinhos com o fervor natural de quem comunga e saía de seguida para um canto a vê-los com a natural paixão de um colecionador feliz. Cada peça era um encanto, nos seus pormenores, nas cores, na tragédia que encerravam ou na beleza dos corpos e dos rostos. Ela gostava, sobretudo, de imagens de Jesus e de anjos que tivessem asas grandes e alvas. Haveria depois de as ver vezes seguidas, recolhida na solidão do seu quarto, enternecendo-se a cada instante.

Com o desaparecimento do Manuel Rato cabia à Olivita a responsabilidade de transportar a sagrada família e fazer o périplo dos lares por onde passavam os três santos, acompanhados do cordeirinho. Era também ela que ensaiava um coro de mulheres que cantava o fabordão durante a missa, mormente na parte em que o padre terminava a homilia. Limpava e arranjava o altar e áreas adjacentes, mas nestas tinha um enorme receio quando se chegava a S. Bartolomeu e ao sumelga que estava aos seus pés. Sentia um calafrio nas costas, um tarago que começava numa picada que nascia no pescoço e morria à entrada do camalhão, no sítio exato em que este se abria num vale regueiro de pele macia. Às vezes, o suor percorria-lhe esse divino caminho e sentia uma escorrência fria deslizar entre as nádegas.

Recordava-se de um demônio que em tempos havia numa igreja de uma aldeia vizinha, que ostentava dois chifres cruzados ao mesmo tempo que abraçava um bacamarte que se lhe enrolava ao pescoço e aparecia impante por detrás da cabeça, lembrando a auréola de um santo. O oleiro que o tinha feito plantara-lhe um inusitado par de testículos muito vermelhos que lhe caíam pelas pernas abaixo. *Feio bicho*, pensava ela, não sem arriscar a mesma sensação que lhe dava o seu homólogo preso aos pés de S. Bartolomeu.

Temente como era, a rapariga acreditava que os santinhos a protegiam das tentações e de outros males que lhe pudessem chegar; não percebia que algumas das imagens eram um apelo aos seus sentimentos, mas bastava-lhe sentir um rubor para se controlar e guardar o divinal bilhetinho.

A Olivita, numa tarde já gasta de agosto, naquele momento em que o sol já se pôs mas a noite ainda não sobreveio, dirigia-se a um pequeno casal buscar a caixinha sagrada. Ao Miguel Trancho, que a viu passar enquanto vessava a sua leira, a moça pareceu-lhe determinada; falava sozinha e baixo e ameaçava a passo vagaroso. Soube-se que já não chegou ao seu destino. Entre essa visão do Trancho e o desaparecimento da figura débil da mulher por detrás de um castanheiro, nunca mais ninguém a viu.

Até o padre Sebastião se bateu aos caminhos, sem sotaina, de calças largas e borzeguins de couro para melhor enfrentar as bouças. E chamava-se pelos carreiros e bosques: *Oliiiiviiiiita*! Respondiam peneireiros e carriços, pulgões e narcejas, em piares que eram cânticos de abandono. E tristeza.

27
Não há mulheres na Lua

Que um homem leve sumiço, como aconteceu ao Manuel Rato, não é coisa de estranhar; os homens são assim: vão e vêm. Dá-lhes o contra-logos, metem-se a um caminho e é vê-los andarilhar e sarilhar até desaparecerem; alguns para sempre. A outros matam-nos ou suicidam-se pelos poços e nas águas das ribeiras, por mor de assuntos de dinheiros, terras e marcos, e até de saias, como aconteceu ao Manuel Sem-Tempo, um profissional de achamboaria que o mestre Aquilino traz à pena.

Já com as mulheres é diferente. São chegadas à casa, mourejam as terras de sol a sol, não se atrevem a meter-se na noite e há sempre alguém de olho nelas, nem que seja uma igual. O único caso conhecido foi o da Maria Regalona, que se aventurou com um almocreve de tecidos e, como Nossa Senhora e S. José, montadinhos num burrico lá foram, não para a Galileia, mas para Penedono, que era a terra do mercador. O pai e os irmãos ainda foram dar-lhe duas bofetadas, puxar-lhe pelos cabelos, chamar-lhe puta três vezes, e dalém vieram bem-dispostos, parando em todas as tabernas a chuparem carrascão para aquecer e alegrar as almas e a cantar salvas a S. Gonçalo que foi casto e peregrinou a Roma e a Jerusalém. Como disse o pároco da altura: *Uma peregrinação assim, Deus acolhe!*

Que se saiba, os homens sempre podem fazer como o Manuel Rato: entrarem pelas serranias e pedras, hibernarem tempos infindos nas tocas das raposas, aconchegando-se a estas; agora o mulherio, Deus, onde se acolhe? *Diz ela* que a avó garantia ser costume delas, noutros tempos, diluírem-se nas cambas das rodas e assim correrem mundo, rodando e rodando; dizia até que o chiar típico do disco nos eixos eram os choros dessas raparigas que assim exprimiam o seu volteio constante. Estórias, claro.

A ser desta forma, já a Olivita ia longe, escambada numa carroça qualquer, a levantar a poeira dos caminhos. Mas as gentes pensavam que lhe tinha dado para as Espanhas. A mulher sonhava com a costura, alinhavo para um lado, cosedura para o outro, e quando via passar o João Passador com as *Singer* às costas parava a admirar a carga. Que mulher não quereria dar ao pedal numa *Singer*? Mesmo as que andavam no amanho da terra espreitavam o engenho com curiosidade natural. Há uma ancestral e mística relação entre as mulheres e as máquinas de costura, qualquer coisa que vem de há muito tempo e que até é estranha, pois o objeto tem pouco mais de cento e cinquenta anos, embora nos pareça difícil conceber a vida sem ele, como garantiu o seu inventor Isaac Singer.

Assim, era credível que postos os santinhos num maleta de cartão, à mistura com alguma roupa, a Olivita se tivesse atrevido a dar o salto com a promessa de, no outro lado, o João Passador lhe entregar o instrumento e ela fazer dele o seu ganha-pão, pagando aos poucos ao contrabandista.

Havia uma certeza nos mais afoitos: quem se encarregava do transporte da caixinha com a sagrada família tendia para o desaparecimento. As pessoas lembravam então que a Maria Avelaneira, a qual tinha mantido igual incumbência, um dia desaparecera, e esta, Deus a tivesse em descanso, não só tinha levado a caixa consigo como nunca mais aparecera.

Seria fado, destino, paixão? Maldição? As beatas lá foram, em romaria, pedir explicações ao representante do criador na terra. O padre não tinha pensado no assunto nem se apercebera da estranha coincidência. Talvez devesse consultar o bispo; talvez lendo os livros sagrados e os manuais da igreja se pudesse encontrar uma explicação ou uma pista, ainda que indelével.

Uma certeza havia entre todos: a Olivita não tinha ido para a Lua porque Charles Conrad, o primeiro astronauta a dar uma conferência de imprensa a partir do espaço, garantia a Houston: *Não há mulheres na Lua!*

28
O tempo seca o figo

Diz ela que tinha havido eleições antes de a *Apollo 12* ter amarado no satélite lunar. Uma afluência excepcional às urnas garantia a manutenção do regime que elegera cem por cento dos deputados. Enquanto o velho da queda teimava em não bater o borzeguim e até tinha dado uma entrevista ao jornal francês *L'Aurore*, uma espécie de ressurreição muito depois do terceiro dia, o vitorioso presidente do conselho percorria o país e até parecia uma pessoa normal, fazendo férias nas termas.

Para os aldeãos o país estava doido e, portanto, o melhor era não pensar nele nem lhe dar importância. Do resto do mundo, *garante ela*, não se sabia nas serranias nem nas covas: os motins na Irlanda, o sismo na Iugoslávia, a campanha de proteção ao monstro do Lago Ness, a eleição da Maria Isabel, olhos castanhos, um metro e sessenta e três, 92-60-92 de medidas aprumadas no corpo esbelto.

O povo é uma espécie de azêmola que se ri dos paparretas. O que o preocupava era a apanha da azeitona, a vindima, a caça à avelã e à castanha. O tempo seca o figo e amacia a aguardente. Venha o inverno que, como dizia o Zé Violeiro, *por cá não é general, mas simples cabo da tropa.*

E vieram os cabos da guarda. Desta vez queriam indagar sobre quem passava a penumbra da porta da Chichona. Sim, que a morte da velha megera não estava esquecida das autoridades. O delegado do ministério público é que tinha muita papelada para tratar e as coisas andavam de forma ignávia. Mas andavam.

Os guardas montaram uma mesinha e duas cadeiras no prostíbulo da vítima e chamavam-nos um a um. Naturalmente, queriam saber quem eram os frascários. Este ia dizendo daquele e assim, esse, também vinha dar com as botifarras ao *escritório*. Ainda se chamou uma ou outra mulher, mas estas não tugiam. Nem sabiam de tal – afiançavam.

Diz ela que a avó, chamada ao local dos interrogatórios, os apontou a todos e até nomeou quem matara a velha. E não fora homem, não, garantiam a visionária. Ela bem vira duas mulheres rolando pelo chão, uma debatendo-se para se levantar e a outra apertando-lhe o pescoço com as mãos fincadas nas suas rugas, enquanto ladrilhava um esgar de força e de raiva. *E onde vira?*, quis saber o cabo. *No fumo da cozinha, ora! Não é lá que se vê tudo?* E depois vira os olhos esbugalhados da vítima, a respiração ausente, a cabeça tombada sobre um dos lados. Pressentiu o restolho das saias da outra ao sair a porta, o arfar pelo esforço feito e os passos nervosos dos tamancos a baterem na pedra.

E agora que escrevemos nós?, indagou o escrivão, impaciente, olhando o seu colega de armas. *Que foi no fumo!*, insistiu a mulher. O soldado levantou-se e andarilhou pela saleta como um peregrino perdido pelos caminhos. Foi à porta, acendeu um cigarro que retirou de um maço com a palavra *Provisórios* e olhou o largo ali perto, com o seu cruzeiro de granito e, em fundo, as casitas mais afastadas, o arvoredo, os bosques como um liço, o rio de águas prateadas na sua solene algidez, a terra castanha, em alguns sítios quase negra, e as lájeas exibindo a sua carranca pedregulhenta. *Terra do demo!*, pensou, afagando a caixa dos cigarros. Sentia-se a pobreza nos caminhos lamacentos, mas não havia sítio onde o homem e a natureza estivessem tão perto um do outro. Aquela gente era dali, isso percebia-se.

E agora aparecia-lhe uma mulher a matar outra, como se fosse normal. Nem pensar nisso! Isto já não fazia parte daquele cenário de santinhos abençoados na comunhão das almas, prontos a intervirem na salvação dos tênues pecadores.

Por onde anda o Manuel Rato? Não o vê no fumo?, quis saber o cabo, rumando da porta ao banco de inquisidor. A velha algaraviou, esquiva como um tarasco. O homem estava por ali, pois sentia-lhe o cheiro. Esgaivara toca em qualquer lado, fosse na pedra ou noutro sítio, como dizia o povo, mas por ali andava de certeza. Ele era esgarabulhão e fragueiro, por isso apareceria mais depressa do que as gentes pensavam.

Adão tinha umbigo?, interrogou a mulher. *Sei lá*, respondeu de pronto o cabo. *Pois é nisso que devíamos de pensar!*, disse ela.

29
Para que lado fica a América?

A Rainha decidiu ir para as Américas. Chamou três homens para lhe pegarem numa mala de porão e a colocarem numa carrinha de caixa aberta; era um maletão enchapado que parecia servir para levar o mundo todo dentro. Ia ao encontro da irmã, para ambas serem felizes na terra da prosperidade.

Naquela altura, *diz ela*, as pessoas como a Rainha, que recebiam correio do estrangeiro, tinham notícias de que estava para chegar uma grande crise; era até provável que houvesse uma guerra civil, porque muitos operários andavam a pôr bombas em vários sítios e, em vez de trabalharem, protestavam à porta das fábricas. Vinha a guarda montada a cavalo, como acontecia na Marinha Grande, e os homens iam-se embora.

Ninguém tirava da ideia das gentes que a Rainha levava o Manuel Rato no seu malão. Pretensamente, o elevado pensador animista teria decidido voltar a Fall River e o estratagema da fuga era este. Ainda assim, continuavam a colocar-se oferendas e a fazer-se promessas junto ao penedo onde se suspeitava que teria estado o suposto foragido. Por esta razão, a proposta do ministro de Deus feita ao Labruaco e ao Fogueteiro de rebentarem o leixão mantinha-se viva.

Numa tarde de janeiro, exibindo a pele do seu melhor casaco, a Rainha saiu de casa trancando o portão de forma solene. As mulheres poisavam uma das mãos no sobrolho para taparem o sol baixinho que se fazia sentir e, assim, poderem ver melhor a urca no seu desfile régio.

Ela acenou antes de entrar para a carripana do Júlio Peixeiro, um gesto largo que todas interpretaram como um *Não volto mais!*

A América fica para aquele lado?, interrogou uma das mulheres. Ninguém lhe respondeu. Os olhares rendiam-se às rodas do veículo saltando sobre as poças de água, enquanto as caixas do peixe trambulhavam na carga da máquina. Quando já não se podia ver o fumo que se soltava do seu escape, dispersou, rápida, a escassa assistência.

Diz ela que a Rainha não podia saber dos vexames que a América, rica e poderosa, passava numa terra chamada Vietnã para onde tinha ido fazer uma guerra. E que de lá vinham mortos e estropiados os rapazes que tinham partido sãos e corajosos. Era uma espécie de guerra como a nossa: longe, quente, incapaz de fazer sentido no coração das gentes que partiam e ficavam. E, sobretudo, que a *promised land*, a tal das *Stars and Stripes*, perdia batalha atrás de batalha e que, nessa altura, debandava em desespero, largando toda a tarega para trás, feita de veículos, helicópteros, aviões e demais tralha militar.

Para a América, dizia o Fuzarca que arranjava guarda-chuvas, pode ir-se por vários lados e ainda de cima ou de baixo. *Por exemplo, os tipos que vêm da Lua vêm de cima*, explicava, sapiente. Ficava claro em todas as cabeças que aquela terra maravilhosa era o centro do mundo – um sítio para onde se vai seja qual for o caminho.

A Rainha, tal como a irmã, haveria de triunfar pelas terras do Uncle Sam. Desposaria um astronauta de capacete branco, fato impermeável e botifarras de ir ao estrume, ou um *cowboy* com a barba de três dias e gado e terras a perder de vista. Nada que se parecesse com o rebanho do Jorge ou a pedregulhenta terra que deixava para trás.

Por lá, os campos de milho até saem para fora!, exclamava o Albano. *Para fora de quê, homem?*, perguntava um. *Da terra, ora, os campos saem para fora da terra de tão grandes que são!*, respondia, com a boca cheia de ar, exibindo um olhar convincente. E alguém rebatia que não existem campos assim, a não ser noutro planeta, o que explicava a demanda dos americanos pelo espaço.

Naquele princípio de noite, já a Rainha ia longe, a aldeia punha-se a par do mundo: discutia-se, nada mais, nada menos, do que a América. E o Alberto Carpinteiro assegurava que nessas terras se bebia um vinho feito de batata, muito melhor do que aquele que as uvas davam. *De batata?*, perguntaram-lhe, em espanto. *Não é batata como a nossa; é uma vermelha que faz suar mais do que a um escravo!*

30
Transformar pedras em pão

Os dois homens estavam divididos na sua determinação. Um, pragmático, a pensar no encaixe do vil metal, o outro, amedrontado, porque nunca se sabe o poder das massas quando contrariadas. Se as gentes põem sentimento no que fazem, afasta-se-lhes a razão, tornam-se bestiagas e são capazes de rinhar como animais.

Conheceis melhor do que transformar pedras em cum-quíbus?, alardeava o Augusto Fogueteiro. E contava que, em tempos, tinha passado pela aldeia um mágico, de cartola e luvas brancas, que transformava os seres uns nos outros e fazia sempre aparecer novas entidades. Usava uma varinha feita de pau de salgueiro e com ela batia no que desejava mudar. E as coisas mudavam. Às vezes, até desapareciam de um sítio, aparecendo logo noutro, e, quando queria, nunca apareciam. Ora, o Augusto achava que tinha o mesmo dom, mas com uma particularidade: tudo o que fazia desaparecer dava lugar a dinheiro. Era uma espécie de rei Midas de notas de cem paus. *Dou um pontapé e sai-me um almirante!*, dizia ele, gabarolete, porque as notas de cem escudos exibiam as trombas do presidente da república que tinha esta patente da marinha.

Mudar uma coisa em outra pode trazer muitos problemas. As pessoas podem não gostar do que se fez aparecer e desejar, de volta, o que se pôs em fuga. Por isto, o Labruaco não se deixava convencer e argumentava com a tentação de Cristo que se recusara, depois de instado pelo demônio, a transformar pedras em pão. *Queres dizer que o nosso padre é o demônio?*, interrogava-o o Augusto Fogueteiro, certo do seu tiro. Mas o outro respondia-lhe, segundo Lucas, como o anunciado fez a Satanás: *Nem só de pão vive o homem!*

O Augusto dizia-lhe que não tinha de estar a chamar o alimento para a conversa, por ser coisa delicada. Mete farinha, água e fermento; e tudo em mister sagrado. Se é amassado por mulher menstruada, não cresce; se uma velha lhe deita as mãos, mingua; se o padeiro dá em ladrão, queima-se-lhe todo no forno de tal forma que lhe advém num instante a miséria. *O pão tem muito que se lhe diga!*, rezava o Fogueteiro, com ar sério e a cabeça inclinada sobre o sócio. *Quanto às massas, o povoléu é como as bestas de carga: a princípio resmungam, mas depois acostumam-se!*, acrescentava.

Tudo na vida tem uma altura, pensava o sócio renitente, e por qualquer razão ele não queria acreditar que aquele era o momento adequado. Quanto mais tentamos procurar o que é útil, ou seja, o que é bom, então mais virtuosos somos, diria o Manuel Rato do interior do pedregulho de onde o queriam tirar; e o Labruaco ouvira-o muitas vezes dizer isto. Tudo, dizia sempre ele do fundo do seu entendimento, deve perseverar por subsistir, ou seja, por manter o seu ser e a sua essência. O penedo, assim sendo, deveria manter-se penha, pois essa era a sua substância.

Foi com pensamentos assim que o Labruaco não quis fazer explodir a morada do *procurado*; não se pense, pois, que foi por mera rezinguice, por medo ou apenas por convício. Não foi. Havia causas profundas que vinham do âmago da mais pura filosofia, de ideias elaboradas de que os homens simples também são capazes. Homens que vivem de fazer tantas coisas, que rebentam pedras, que foram soldados, que cresceram ao frio, submetidos aos trabalhos mais duros e que até conseguem, às vezes, fazer um poema.

Diz ela que morrera nessa altura um poeta com nome de rei. Num poema chamado *Sabedoria*, esse homem, também de nome José, escrevia que desde que tudo o cansava tinha começado a viver sem esperança e, por isso, já não se importava que viesse a sobranceira e altiva morte. O Labruaco fervilhava de vida e não se cansava da existência, o que o fazia ser prudente e comedido nas ações. *Vamos devagar!*, dizia.

Quem não temia o anjo da ressega eram os americanos que anunciaram, entretanto, uma nova arma nuclear, desta vez de tal modo poderosa que servia para combater todas as anteriores e ainda as que viessem e pudessem ser descobertas pelos russos. No assunto da morte, a América era muito sofisticada.

31
A golpe de estadulho

Há sempre alguém capaz de ver mais do que os outros. Ver significa compreender, ler os sinais das coisas e do mundo. A Quinha regressara da Suíça e num ápice foi capaz de associar os acontecimentos e dar-lhes sentido. Em seu entender, o Manuel Rato e a Olivita tinham dado os dois à sola de forma combinada. Já em miúdos, garantia, tinham ido às castanhas e não trouxeram ouriços no regresso. O irmão, jurava ela, que vivia no país mais rico do mundo e sabia muito, era incapaz de matar uma mosca; não valia a pena estar a acusá-lo de ter acabado com a vida da pobre Chichona!

Ao saber da versão relativa à pedra que engolira no seu seio o desaparecido, a irmã do Rato pôs as mãos à cabeça. Como é que alguém podia acreditar em tal tolice? E, ainda que lhe mostrassem as marcas na rocha e lhe falassem na bênção que a velha dera ao besuntar de farinha o velho calhau, nada a demovia. *Que povinho!* Haviam de ir à Suíça e ver o que era ser gente: tudo moderno e limpo, pessoas bem-vestidas e educadas. As estradas eram mais largas que toda a aldeia e os comboios e as estações pareciam o que o padre Sebastião dizia ser o céu. Os animais do campo, como as vacas e os bezerros, eram mais limpos que a gente da aldeia e até parecia que sorriam quando olhavam para quem passava.

De uma ideia a Quinha não abria mão: o Manuel e a Olivita deveriam estar algures, num qualquer recanto do mundo, a viver a felicidade própria dos casais. E, quando lhe diziam que o irmão nada sabia fazer e, portanto, não podia assegurar sustento a alguém, e que ela apenas tinha siso para dar uma ajuda em afazeres sem grande remedeio que não permitiam arranjar dinheiro que se visse, a Quinha coçava a cabeça e respondia que o mundo estava cheio de gente assim.

A versão da irmã do Rato correu os casais e os lugarejos próximos e ganhou adeptos; dizia ela que a realidade depende da forma como as pessoas interpretam o que as rodeia. A verdade não existe senão na realidade construída e, por isso, nunca podemos dizer que ela constitui o real absoluto. Naquele mundo, a descrição e a narrativa das coisas é sempre alabregada, feita a golpe de estadulho. Os homens veem sempre tudo como a relha do arado, isto é, estribada na aiveca do seu entendimento.

Diz ela que imaginava a Olivita e o Manuel Rato sentados no supedâneo de um altar qualquer, ternamente encostados a desfiarem as figurinhas dos santinhos; e pelas mãos dela passavam as santas imagens como num filme antigo. Era uma espécie de missa que os dois faziam, feita de uma fé veníflua e uma paixão desarmada e inofensiva.

A Quinha, sem querer, tinha trocado um santo por uma história de amor. E viviam-se tempos em que as histórias de amor vingavam, sobretudo as dos simples, porque os outros podiam sempre viver tudo o que quisessem. O mundo tornava-se aprazível para a vida do lar e os jornais ostentavam anúncios a aparelhos de televisão, enceradoras, aspiradores, ares-condicionados e frigoríficos; a condessa de Hong-Kong, *dizia ela*, vivia então uma história dolicocéfala, e a belíssima Sophia Loren apaixonara-se por Marlon Brando.

Não faltavam adereços à emigrante suíça para sonhar o filme que queria ver. Naquele paraíso terrenho era possível abandonar a miséria e o medo e permitir que, em vez de rodar nas cambas de uma velha carroça arrastada pelo lamaçal dos caminhos, a Olivita pudesse redemoinhar nos braços de um homem forte e seguro, *um fauno esculturado em bronze de Corinto que impassível contempla a tenebrosa flor*, como versejava, no *Livro das cortesãs*, o impagável poeta Eduardo Coimbra; ainda que esse homem fosse o Manuel Rato!

A Quinha regressou descansada à asséptica terra dos vales encantados onde pastavam limpíssimas vacas. Para trás deixava a aldeia confusa, mas, pior do que tudo, a adivinhar que o sonho era possível e recomendava-se. Isto, enquanto se sabia, dizia ela, que cinco por cento da população sofria de perturbações nervosas e de *desadaptação à realidade social.*

32
A luz do Daido Fujikama

Os cientistas eram unânimes: não havia sinais de vida na Lua. A teoria da panspermia, segundo a qual a matéria formadora de todos os seres vivos erra pelo espaço como um suave balão e quando cai sobre solo propício faz nascer algo, ficava assim posta de parte. Não de todo, claro; como *ela dizia*, podia ter acontecido que esse balão fecundante ainda não tivesse alunado no nosso querido satélite.

Apesar do desânimo associado à ausência de sinais vitais no astro, tal não significava que sobre ele se abatesse todo o desinteresse. Aliás, esta razão servia até para espicaçar a procura de outras coisas, como pistas, ainda que indeléveis, de alguém que por ali tivesse andado. Dizia-se assim que os astronautas tinham visto rodados, marcas de alunagem, pegadas gigantescas e fundas no pó lunar e até, muito ao longe, aquilo que parecia ser a carcaça de uma gigantesca nave.

Esta notícia, associada a outras duas, a de que se fazia inseminação artificial de peruas num aviário de Alcabideche e a de que uma senhora chamada Sylvie Allen iria ser mãe de um bebê proveta, se fossem conhecidas na aldeia fariam uma revolução.

É preciso, no entanto, que se diga que os aldeãos, mirando os céus antes do crepúsculo da manhã e virados para nascente, viam uma luz com um rasto muito direito e ganhavam suspeitas avassaladoras sobre o decurso do mundo. *Diz ela* que os pobres cavadores não podiam saber que se tratava do cometa *1970-A-Daido Fujikama*, visível a olho nu.

O Albano apontava o corpo celeste com o indicador direito e via a figura do Manuel Rato montado na cauda luminosa do astro. *Lá vai o cabrão!*, gritava. Para o Augusto Fogueteiro não havia dúvidas de que alguém lançara um foguete para o espaço e que a cana, incendiada, persistia em não cair e vagueava incandescente. Tinha-lhe acontecido isso uma vez e era provável que essa cana incendiada ainda andasse pelo espaço infinito ou tivesse poisado num planeta qualquer, dos muitos que há pelos céus. O Patilhas, caçador experiente, sabia mais: os americanos vigiavam-nos!

A avó mirava e remirava o objeto luminoso e arranjara até um vidro para, através dele, ver melhor. Pusera-o na extremidade de uma cana e espreitava pela outra. Seguia com afinco galilaico o seu rasto e tentava adivinhar o percurso feito. Em seu entender era a cabeça e a cauda bífida de um diabrete que se vislumbravam na mancha luminosa, mas não se atrevia a dizê-lo a ninguém. Primeiro queria perceber para onde se dirigia o maganão, embora lhe parecesse que o seu rumo era justamente o da aldeia ou arredores.

Diz ela que se a avó falasse e soubesse das desgraças do mundo diria que o cometa explicava muita coisa: a guerra no Oriente Médio, as cheias no Ribatejo com barcos a navegarem nas estradas, as manifestações, greves, motins e até mesmo a remodelação do governo e a perda da voz da moça que tinha cantado a "Desfolhada".

A verdade é que também começava a ser fácil perceber que as mudanças dependiam dos homens. Tudo somado, via-se que o mundo das bruxas e das ladainhas, das rezas e dos dizeres, dos fumos e das incandescentes pedras de borralho, estava para ser abalado.

Mas este afastamento do mistério do mundo e da vida não era fácil de arrancar ao espírito sinuoso das gentes. O padre Sebastião sabia que tinha material para tempos infindos, sem contar que, às vezes, os homens e as civilizações voltam para trás.

33
A dor é uma benesse

O padre Sebastião andava calado; moía os pensamentos e não sabia o que dizer. De Fátima não vinha sinal nenhum e ainda se estava para saber quais seriam os segredos que Nossa Senhora revelara aos pastorinhos. Incluiria um sobre o Daido Fujikama? E andariam os santos e arcanjos contentes com tanto navegar pelo espaço, gente a pisar o solo lunar, os russos a dizerem que iam mandar naves não tripuladas, a fim de recolher terra, pedras e o que se visse?

Afinal, de quem era o tal *espaço*? E o nosso querido astro que mudava as marés, marcava a menstruação das mulheres e contava as semanas de gravidez? Podia-se arrancar-lhe pedaços e trazer para cá? No Texas, um *cowboy* moderno e nada futre, de nome Robert, desses que montam a cavalo, usam chapéu de vaqueiro e fumam cigarros *Marlboro*, reivindicava a propriedade do calhau, por assim a ter registado num cartório privado. Anunciava que estava disponível para vender lotes a partir de uma planta que tinha arranjado, com curvas de nível e outros pormenores interessantes.

Ah, se o velho da queda ainda desse conta de si! Era certo, no entanto, que não se descosia da vida? Sabia-se que fazia as suas rezas acompanhado da D. Maria e do reverendo Tobias Duarte. E o que pediria, nessas lenga-lengas, a velha carcaça? Pensava ele que ainda mandava no país e nas suas pobres gentes e encomendava recados para que provessem de forma bastante o que fosse necessário à solução dos problemas.

Lá no seu fundo, acreditava que a nação, apesar de tudo, estava segura, embora os militares que marchavam para as colônias o fizessem de forma rezingona. Era preciso reforçar o uísque nas messes dos oficiais e a sua qualidade; descansá-los do chumbo inimigo e das latas de sardinhas que rebentavam nos caminhos quando algum soldado mais distraído tropeçava num fio de pesca. Para tal, que se fizesse avançar na frente das colunas os aspirantes, que muitos até eram danados de comunistas, e umas latinhas de conserva enxameadas de pregos que se cravavam na pele sabiam sempre bem. A dor, se merecida, é sempre uma benesse. E cuidado com os capelães pouco cristãos, esses que dizem que Cristo também era soldado, e raso, sem patente, obediente aos altos comandos; os que contavam a alegoria da destruição do templo em vez de falarem no simples e carinhoso episódio de dar a outra face; esses que dizem que na guerra todos perdem e que choram a morte do inimigo.

O velho mal falava; tinha um olho meio fechado e o corpo semiparalisado. A velha lia-lhe os jornais, mas uma parte da leitura eram notícias inventadas, a outra, as que não tinham qualquer interesse. Ficava, apesar de tudo, com a sensação de que ainda estava no mundo.

Na sua cabeça, com células já queimadas em que o sangue não podia passar para as alimentar de oxigênio, ainda se faziam neurotransmissões, pouco criativas, é certo, mas vegetativas. *Como é que se chamava aquele judeu cujos pais fugiram para a Holanda e que foi excomungado?*, perguntou uma manhã depois do pequeno-almoço. *Espinosa, senhor presidente*, respondeu-lhe o médico. *Mas tinha outro nome, ai, como era?*, reinquiriu. *Bento, senhor presidente*, disse o clínico. *Ah, Bento! Isso é nome de papa, caramba!*

34
O suave milagre

Diz ela que o Jorge, guardador de rebanhos, entrou ofegante pela aldeia quase sem poder falar. Não trazia as ovelhas consigo, pelo que se pensou de imediato que as teria perdido pelo bosque ou pelas bouças. Sentaram-no à porta da tasca do Tritão, viradinho ao sol, abanaram-no com papel pardo e deram-lhe uma aguardente do Fogueteiro para a fala lhe subir à moleirinha e depois descer perceptível aos lábios, brancos como a cal.

Fala, homem!, dizia-lhe um dos Fuzarcas insistente. Tinha os olhos arregalados, perdera um dos borzeguins, assim como o cajado velho que herdara do avô. *Viste acaso o Berzebu?*, perguntava o Violeiro, que tinha acabado de chegar. O pastor tossicou e sacudiu a cabeça azamboada. *Vi a Olivita!*, exclamou, cansado.

O taberneiro voltou a encher o copo com o líquido claro que, enganador, parecia água. Jorge foi bebericando. *Vi-a em cima de uma avelaneira, nas terras do Escanifrado. Tinha um ramo de flores silvestres na mão e as ovelhas desataram todas a balir como azêmolas. Ela estava formosa e na outra mão segurava um santinho com o rosto de Jesus; tinha os pés descalços, o cabelo solto e uma coroa de piorneira.*

E tu?, questionou o Cachaca, sempre sábio. O rapaz respirou fundo: *Eu? Eu nada. Ela desceu da avelaneira e veio até mim; parecia que não pisava a terra, mas andava pelo ar. Estacou diante dos meus pés e as minhas pernas tremiam como fusos. As ovelhas faziam mais barulho que um bando de corvachas no cio.* E levou o copo à boca para, de uma assentada, entornar o líquido ardente. *E tu?*, perguntou um. *E ela?*, questionou outro. *Ela*, articulou o pastor, *ela ajoelhou-se.*

Os circunstantes afastaram-se, aliviados. Todos temiam por alguma desgraça, mas a imagem simples e terna de um homem bom, como era o Jorge, com uma rapariga que era uma santa, ajoelhada a seus pés e segurando numa mão um ramo de flores silvestres e um santinho na outra, só podia augurar um encontro mundano. O Augusto haveria de estragar o descanso dos outros com um *E depois?*

O pastor levantou os olhos ao céu como se enxergasse o cometa com nome asiático e, assim posto, disse de forma distante: *Ela poisou o ramo e o santinho*, adiantou. *Disseste-lhe que viesse para casa?*, quis saber o Violeiro. Ele abanou a cabeça. *E depois?*, insistiu o Augusto. O pastor levantou-se do banco e, de copo vazio na mão, desatou a correr enquanto dizia: *Não posso contar! Não posso contar!*

Os homens postados à porta da taberna, apanhados de surpresa com a reação do Jorge, olhavam uns para os outros manifestando enorme admiração. Só o Augusto ensaiava um sorriso como se soubesse o que se tinha passado a seguir.

Vencido o momento de estranheza, o Fuzarca que arranjava guarda-chuvas questionou o dos foguetes: *De que te ris, demônio?* O Fogueteiro afastou-se rindo bem alto, enquanto um ou outro catraio o seguia na surpresa de o ver assim.

Teria o zagal inventado tudo? O que se passara na sua cabeça? *Diz ela* que, na verdade, a Olivita, já crescida e deitando corpo de mulher, ainda trepava às avelaneiras para as ajudar a fazer cair os cachuchos. Era verosímil que ela aparecesse em cima de uma árvore, para mais segurando um santinho e sabendo que as aparições assim feitas costumam dar divinais frutos.

Ainda assim, os homens espantavam-se.

O que não pode ele contar?, questionava um dos Fuzarcas, pensativo e de voz altívola. *Diz ela* que as pessoas não gostam de saber das coisas a metade; admitem não as saber de todo, mas entender que se sabe um pouco e o resto se desconhece é como ter uma faca enterrada no coração de um chibarro. *O que não pode ele contar?*, insistia o Fuzarca irmão.

O gabinardo deparara-se com a moça lá pela charneca, trocaram dois dedos de conversa, e ele, malandro, forjicava o encontro. *Aí está!*, dizia o Violeiro. Perdoe-se tudo e beba-se uma das boas no banquinho corrido da taberna, ombros nos ombros; assunto não falta: as trovoadas.

35
Uma flostria viva

Houston, we have a problem!, disse o astronauta Lovell da *Apollo 13* depois de ouvir uma explosão a bordo. E decidiram os três nautas regressar a casa, o que faziam à velocidade de 5207 quilômetros por hora. *Diz ela* que tudo coincidia, pois nessa altura exibia-se no Variedades os últimos dias da comédia portuguesa *Tchau*.

Houston, estamos com um problema!, haveria de traduzir para a língua materna o Manuel Rato se andasse por perto. E haveria de explicar que Houston é o sítio onde fica o comando das naves que os americanos mandam para o espaço. Ele nunca lá tinha estado, mas estivera em Fall River, que era a mesma coisa, embora sem as naves, claro.

Esbagoava-se o rosário das causas das trovoadas e ali estava a explicação. Com uns malucos a furarem o céu a mais de cinco mil por hora não havia a abóbada de estoirar em rebentamentos? É como quem mete um cachimbo de pólvora no buraco de um calhau e lhe dá ao rastilho. O que se ouve? Bum!, claro. Era uma flostria pegada: vir numa caixa de lata a tremelicar por todos os lados e a peidar-se como uma maluca! Havia até quem fizesse vilancicos ao chorume do acontecimento, como tinha composto um cantador de uma aldeia vizinha que acompanhava ao som desafinado de um velho acordeão os seguintes versos:

Vens saltarica, amiga
Por esses céus desasada
Nã *hádes* trazer-nos nada
Vens é cheia de larica
E até com dores de barriga!

E no meio de tanta insanidade não admirava que andasse tudo zorato, como acontecera ao miserável pastor, à Olívia, ao raio do mundo todo. Era certo: as gentes estavam de pés juntos estacados ao pélago, perclusas de doidice tal que se deixavam levar à mais imareada das bizarrias.

Nos dias que se seguiram ao episódio da aparição da Olívia na avelaneira, os homens demandavam ao terreno do Escanifrado e por ali ficavam. Era ver quem chegava mais cedo e primeiro, e quem se deixava estar para mais tarde e assim ficar sozinho. Nem sinais da colecionadora de santinhos. E, no entanto, disfarçavam. Falava-se de perdizes, do feijão-verde, do meloal, dos cachos e assim por diante. Os olhares, anchos, perscrutavam as vergônteas das árvores à espera de um movimento ou outro sinal. Na cabeça de cada um estava desfeito o mistério; tornava-se agora necessário perceber se a Olívia só se ajoelhava diante do pastor, se queria alargar a sua blandícia ao resto dos homens, como uma generosa dádiva.

O Jorge vagueava pelos bosques desde que o acontecimento tinha chegado aos ouvidos do padre Sebastião, que reclamara a sua presença. Ao pároco não o preocupava o que a mulher fizera ou deixara de fazer; para ela, confissão e penitência não bastavam para que lhe entrasse pela boca uma só hóstia consagrada. Isso era certo. E para ele, que derramara o que devia, mas em local indevido, não havia sequer perdão. O pecado estava em tudo se ter passado diante de um santinho incomodamente poisado no chão, certamente de face para cima a assistir ao ato de maneira exclamativa. E havia mais a mexer no seu letrado entendimento: para se fazer aquilo não é preciso descer-se de uma árvore, seja ela uma avelaneira, um castanheiro, uma nogueira ou o moloque que se dane, que as árvores são todas iguais na flor e no fruto, nos troncos e nas ramagens. Devia pôr-se as árvores fora da história! E rematava o confessor que andava tudo maluco. O que mais o incomodava era dizer-se, como o fazia o Augusto Fogueteiro, que a Olívia só fazia o que tinha a fazer a quem era pastor e, malévolo, sustinha: *Pastores, temos cá dois!*

36
A morte do valetudinário

José Santos, de trinta e seis anos, armador de ferro na Baixa da Banheira, foi dar com a sua mulher Florinda, por acaso florista, numa praia do Barreiro, deitada debaixo de um tal José Alegria Silvério, operário da CUF. O Santos, toldado de ciúme, envolveu-se com o seu homônimo Silvério e, munido de um objeto perfurante, vazou-lhe um olho. O José Alegria, entristecido, aparecia nos jornais de vista tapada e já a ser tratado pelo apelido de Camões.

Na véspera do dia 27 de julho, a citada comédia à portuguesa intitulada *Tchau* fizera a última representação. Na manhã daquele dia, às nove horas e quinze minutos, o velho que errara o assento da cadeira dois anos antes morria, depois de ter, por um par de momentos distintos, mostrado sinais de ressurreição.

A comédia terminara com o elenco todo em palco; as coristas, de pernas creditadas ao léu, os decotes desbragados, e os atores e atrizes numa fona, todos a acenarem ao público enquanto cantavam *Tichau, Tichau!*

E tudo isto *diz ela*.

Em suma, o mundo movia-se. Nessa altura, dois computadores tinham conversado entre Lisboa e Paris, arrastando as suas fitas magnéticas em bobines gigantes num craquilhar mecânico. Não se sabe o que disseram um ao outro, mas a imprensa referia isto mesmo: *eles* tinham conversado.

O chatim que mercava peixe transportava estas novidades para a aldeia e haveria de trazer uma página já suja de escamas com a fotografia de D. Maria, a zelosa governanta do velho futre, com a cabeça baixa e um lenço encostado aos olhos chorosos.

Ao morrer, o valetudinário dava a sua última lição às gentes humildes: todos morremos! Era esta a conclusão dos sábios daquela cova beirã, entremeada de casas e terras lavradias. Todos morremos! Os santos e os diabos, os enxundiosos e os escanifrados, os que têm bagalhoça e os que nada têm, e assim por diante.

A morte é como o boi quando lhe atrelam o arado e se põe a vessar. Revolve o chão todo. Não há raiz que lhe resista nem matula que o emperre.

Nos dias seguintes decorreram as cerimônias fúnebres do ancião; o cortejo que levou o féretro até a sua terra, onde ficaria em campa simples, parara aqui e acolá para as gentes mostrarem o seu ar condoído e interiormente lhe darem o seu *Tichau.*

Pouco depois, um grande terramoto assolararia as terras da antiga Pérsia matando gente sem conta e persistiriam as trovoadas em ribombar por todo o interior. Era um queixume, justificava o padre Sebastião. Tal como no milagre de Ourique, altura em que o céu escurecera e as nuvens se soltaram em bátegas carregadas, também agora a natureza se manifestava porque este era o povo de Deus, aquele que S. Bernardo encomendara não só ao papa, mas também ao divino Espírito Santo, a pomba que escolhe e redime. Aqui estariam todos os Fuzarcas desta nação para, de forma panúrgica, cumprir a sua missão de líder do mundo e da cristandade nesse quinto império de bonança e entendimento.

Nós?, questionava o Violeiro, descrente. *Sim, nós!*, acentuava galante o padre Sebastião. *Foi-nos cometido sermos os donos desta abegoaria!*, acrescentou com solenidade. *Alguém tem de levar o incenso ao mundo! Como queres que esta terra de Deus se purifique sem que um povo leve por todo o lado o santo turíbulo?*

E assim se acreditava no desígnio do último império; o do divino Espírito Santo, que coroava a inocência e a pureza na cabeça de uma criança e que ostentava bem alto o balsão e a cruz de Cristo. Olhava-se a aldeia de uma ponta à outra, o seu beatério e suas gentes, e ficava-se com a ideia de que aqueles seres eram capazes de rinhar até a morte por um pedaço de toucinho. O que não fariam para trazer a bem-aventurança ao mundo?

37
São avelãs, senhor!

Caía uma molinha quando o veículo militar desceu a estrada do vale que conduzia ao outeiro, o centro da aldeia. O limpa-para-brisas subia e descia preguiçoso no vidro da viatura para deixar ver as cores do outono que chegava. Os que andavam nas terras paravam a lide para divisarem os intrusos. O roncar do motor atraiu os homens que estavam na taberna e alguns vieram à porta deitar os olhos.

O cabo, Ramalhão de seu nome, foi o primeiro a pôr as botas no solo enlameado. Mirou a porta do estabelecimento, ajeitou a pala do boné e, como se cavalgasse, atravessou o largo a passo lento, mas marcado.

Que o traz por cá, senhor cabo?, inquiriu o Cachaca.

Que a gente saiba não morreu por cá ninguém, aduziu o Galênia em pose panturra.

E o que é morrer?, perguntou o cabo detendo o passo. Respondeu-lhe uma rinchavelhada vinda de dentro da tasca. Um dos Fuzarcas, segurando um copo de palhete numa das mãos, assomou à porta para responder versejando:

A morte é um chibo,
Machacaz e turdetano!
Tem dentes amarelos de gabiru
E cabeça como um calondro.
Atrás dele segue uma mesnada,
Armada de ceifinhos.

O cabo sorriu e virou o olhar para divisar a viatura e perceber se o seu colega motorista já tinha descido dos estribos. *É animal que nunca vi*, retorquiu o soldado. *Mas parece que desapareceu alguém.*

Os homens entreolharam-se de uma forma quase teatral, querendo mostrar admiração. *O Manuel Rato não desapareceu, que a gente sabe onde ele está*, disse um dos Fuzarcas. *Meteu-se por um rochedo dentro e por lá se mantém*, acrescentou desafiador.

Trata-se de uma mulher, atalhou o soldado motorista, juntando-se ao grupo. *Desaparecida sem explicação. Acham normal?*

Se é da Olivita que o senhor guarda fala, fique a saber que ela não desapareceu, esclareceu o Galênia; *Quer dizer, desapareceu, mas já apareceu.*

E onde está?, quis saber o cabo.

Isso não sabemos!, voltou o Galênia à carga.

Se não sabem do raio da mulher é porque está desaparecida, não é?, perguntou o cabo impaciente. *E se está desaparecida é como se estivesse morta, porque só está vivo quem aparece, não é?*, e disse isto subindo o tom de voz. *Esta terra está a ficar muito estranha, está, está!*, continuou num tom provocador. *Primeiro mata-se uma mulher, depois desaparece um homem para dentro de um penedo, agora desaparece outra mulher; anda aqui brincadeira! E da grossa! Se a rapariga apareceu, quem a viu?*, questionou.

Contaram-lhe a descrição preocupante do que acontecera ao Jorge, referindo a forma como estava assustado e se recusava a narrar o que tinha sucedido. O cabo nunca tinha ouvido nada assim; imaginou a figura esguia da Olivita a levantar voo do alto da árvore, muito direita, segurando numa das mãos os santinhos como um naipe de cartas, e a descer, depois, num halo luminoso, junto ao pastor, quedando-se aos seus pés e exibindo-lhe um rosto angelical. Abria um regaço e dele jorravam, rolantes, centenas de avelãs que se espalhavam pelo chão.

O cabo afastou-se dos outros. Como o fazia sempre, passava os olhos pela aldeia de um canto ao outro. Toda a paisagem lhe parecia sagrada, feita por mão divina e, no entanto, as gentes eram terrenhas, entregues à cainheza da vida. Havia ali burla do criador ao colocar em tão bonito tabuleiro peças de tão estranha qualidade. Por outro lado, se calhar, até poderia haver algum sentido neste fadário: o ser-se duro entre pedras e finório e machacaz na adversidade da pobreza e da miséria.

A distância olhou os homens postados diante da taberna segurando copos de vinho na mão e trotando em vozes altívolas. Maltrapilhos e mal calçados, as boinas ditavam-lhes a medida baixa da sua estatura. *Povoléu*, como o seu sargento gostava de lhes chamar, assentava-lhes bem. Gente espinhosa como o tojo, quase sempre, rasteira como o zimbro, afectuosa, às vezes, como a urze que dá cor ao mel.

Regressou para junto dos outros. *Sabem o que aqui temos?*, perguntou, como se fosse um desafio. Todos o olharam curiosos. *O milagre das avelãs!*, respondeu.

38
A mágica caixa de luz

Diz ela que tinha sido aberta a caça. O preço do pão manteve-se, aniquilando os receios dos mais pobres. Subir o preço da padeja é ter de subir a féria do camponês; e, se este ganha mais, sobe o preço das batatas e das restantes vitualhas que a terra dá. Há de subir, então, o pagamento dos operários, mas antes de tal acontecer, sendo os patrões renitentes, enfrentam-se alevantes e guerras várias. Deixe-se, então, o pãozinho no sítio e é ver as gentes procurarem o conduto pelos chumbos das caçadeiras e nas armadilhas das matas e dos bosques.

O Júlio Peixeiro trazia a notícia da morte do general De Gaule e divulgou, entre duas marmotas e três carapaus, a forma como o Papa tinha sido atacado à facada por um lunático nas Filipinas. Para as mulheres, as Filipinas eram um convento de monjas algures num ermo, e não perceberam o que demandava o santo padre por tais paragens. A Maria da Glória perguntou se eram pequenas ou grandes as tais. *Pequenas!*, adiantava o Júlio, mas muitas. *Então não se fosse lá meter!*, tremeleou a Maria. *E o general, já viram?*, acrescentava surpreso. Ninguém lhe dava trela. Queriam lá saber, as mulheres, do general! Nunca lhe tinham visto a cara nem o boné, nem os galões, nem o quanto pernalta ele era.

Dezembro entrou frio. Deve ter sido este o mote para o Tritão ter decidido finalmente comprar uma televisão. Arranjou-se uma prateleira a um canto, discutiu-se com fereza a altura a que devia ficar a máquina e assim foi depositada. Uma vez ligada, foi necessário correr o tecto da taberna à cata de sinal; no ecrã apareciam as chamadas *zebras*, *fantasmas* ou *sombras*, carantonhas de maraus com vozes que pareciam provir do fundo dos tempos.

Essa merda é uma latrina!, diagnosticou um dos afamados cavadores, no que foi aplaudido por alguns e azucrinado por outros. Havia, assim, duas tribos. O Tritão conseguiu, por fim, estabilizar uma imagem que, de vez em quando, deixava perceber o que era. O som estava bom, malgrado desaparecer, dando um tique de gaguez à conversa.

Quando apareceu uma imagem mais nítida era a de uma mulher que disse: *Programação para hoje.* Soaram assobios e chistes brejeiros próprios das bestiagas e ninguém ouviu o que a dama tinha para dizer. Chegou a haver manguitos e dedos no ar.

As mulheres passavam à porta e disfarçavam o olhar; paravam um instante e espreitavam. A televisão era coisa de homens.

Diz ela que a partir daquele dia a aldeia não voltaria a ser a mesma. Via-se mal o mundo, mas ouvia-se alguma coisa. O espaço passara a ser maior como se tivesse sido esticado. E dele vinham outros assuntos, apoquentações, outras figuras e outras gentes, imagens de cidades e, sobretudo, pessoas que falavam de uma maneira diferente. O esforço consistia em pintar com cor o que se via a preto e branco, mas isso ninguém fazia. Os homens não tinham ainda a certeza de que aquele mundo, de contornos pouco nítidos, existia de facto. Era preciso que se abstraíssem do invólucro da coisa, mas perante o seu olhar este estava sempre presente. Por isto, o que viam tinha uma aura de irreal e, mesmo quando aparecia algo que merecia verossimilhança, havia sempre quem tivesse uma unha de dúvida.

Ao ar ringente juntava-se a atitude faceta e não havia solenidade perante o que se observava. *Diz ela* que todos gostaram de ouvir um homem distinto a falar de *Os cavalos também se abatem*, um filme de Sydney Pollack. Formaram-se, mais uma vez, dois grupos, cada qual com a sua tese; os que diziam que qualquer animal se abate e os que achavam que existem bestas que pela sua dignidade não se devem matar. *Diz-me uma? Uma?*, desafiou o Albano, quando a caixa anunciou que o vendedor ambulante de nome José Borrego ia ser presente a tribunal por ter matado um alfaiate e um arrumador e lhes ter esquartejado os corpos, lançando-os ao rio dentro de sacos. *Até os homens se abatem!*, concluiu o Albano.

39
Os fugitivos

Aos poucos, a caixa começou a merecer a indiferença da maior parte dos tabernistas. Alguma coisa de vez em quando chamava a sua atenção, mas o aparelho servia, sobretudo, para ruído de fundo do muito palanfrório que se cultivava. Era certo que algum do paleio tinha como motivo o que a máquina reverberava, mas já só servia para dar o mote.

Naquela tarde de domingo, *diz ela* que a caterva se juntava do lado de fora. Foi quando chegou um dos apaniguados do aparelho anunciando que vinha ver *os fugitivos.* A imagem exibia várias listas inclinadas para a direita que tremiam como se sofressem choques de elevada voltagem. A voz de fundo era imperceptível, para além de uma ou outra palavra que escorria do éter electrônico. *São os fugitivos!*, exclamava o rapaz com visível interesse. *Lá vão!*, dizia, com entusiasmo. Os outros perscrutavam a luz que vinha da caixa. Torciam-se, arreganhavam a catadura e esticavam os olhos piscos procurando divisar alguma coisa que fugisse. *Estão a fugir de quem?*, questionava um homem encostado a um dos pipos de vinho.

São os fugitivos da volta à França!, adiantava o admirador. E a confusão aumentava entre os que percebiam o que se passava e os que nunca tinham visto uma bicicleta, senão a do amolador. Foi nessa tarde, quando os olhares dos homens se prendiam à luz voluptuosa da televisão e as mulheres serrilhavam entre os couvais, colhendo folhas secas ou tomadas da lagarta, que surgiu a figura empedernida do traquejado Manuel Rato.

Descia a rua do outeiro como se viesse do fim do mundo; parecia um chifarote, de tão direito, e trazia desenhada na pose uma ousadia que se notava facilmente. Vinha enfatuado, de calça, casaco e colete, e na cabeça ostentava um chapéu fazendo lembrar o chapeleiro de *Alice no País das Maravilhas*. Parou à porta da taberna e postou-se como se fosse um lausperene.

Já alguém tinha chamado o regedor; este descia o caminho a passo rápido enquanto apertava os botões do sobretudo. *Manuel Rato, de onde vens tu, homem?*, perguntou, arfando. O Rato manteve-se estático e respondeu de forma solene: *De muitos sítios; de nenhum que não tenha passado pelas mãos do criador!*

Entraram na taberna e os outros afastaram-se para lhes dar passagem. O regedor pediu dois copos de vinho. Olhando a televisão, o Rato exclamou: *Vejo que já aqui chegou o grande satã!* Coisas do Tritão, explicou-se o regedor, e adiantou que era bom para se ver o futebol, o fado e a procissão de Fátima.

Disseram-lhe, como quem desfia um rol, que a polícia o procurava por via da morte da Chichona; perguntaram-lhe se tinha ou não estado no aconchego da rochosa laje, salpicada a farinha cambeira, ou se tinha voltado a Fall River. Explicaram-lhe como a Olivita tinha desaparecido e como se dizia que tinham fugido os dois para serem felizes bem longe. Disseram-lhe que o tinham dado como santo e que faziam procissões e oferendas ao penedo onde se dizia que estava.

Manuel Rato escutou tudo. Depois, deu dois passos dentro da esconsa taberna e postou-se no meio do rincão. *Disse o meu mestre que, quanto mais compreendemos as coisas singulares, tanto mais compreendemos a Deus. O que tenho feito, meus amigos, é tentar compreender as singularidades de tudo!*, começou por afirmar perante o silêncio geral, cortado apenas pelo zumbido do *grande satã*. Trazia consigo uma bengala e apontou-a na direção da caixa das imagens. O Tritão correu a desligá-la, subindo ao escadote que o fazia chegar ao botão. *As coisas*, continuou, *são concebidas de dois modos: ou existem em relação a um tempo e a um lugar ou estão contidas em Deus e resultam da necessidade da natureza divina. As que concebemos do primeiro modo são efêmeras e passageiras, as que conhecemos do segundo são eternas e infinitas. Um dia destes, tudo quanto está nesta aldeia e depende dos homens terá desaparecido; vocês, as vossas casas, o vosso gado, as sementes e os frutos, a terra lavrada, o forno e o pão, tudo isso terá morrido. Os bosques, as chãs, as alvercas, o ribeiro e suas águas, os penedos, as bouças, as árvores e arvoretas, os lobos e raposas e outros animais selvagens, esses ficarão. É isto que tendes de saber e é nisto que vos convém pensar.*

Solta a sua facúndia, o Rato saiu tomando passo certo e batendo a bengala no chão. Os que o ouviam vieram até a porta e ficaram a vê-lo sumir-se. *Ai o marau!*, soletrou o Albano. *O frascário!*, exclamou o Violeiro. O regedor compôs o chapéu e olhou em volta. Ao longe topou, vinda num saracoteio, a sotaina do padre Sebastião.

40
O arlotão misantropo

Não faltava quem defendesse que o padre Sebastião era pai do Manuel Rato e que vivia no desgosto de ter um filho sem o poder dizer ao mundo. Da mesma forma, o Rato parecia saber da sua ascendência, mas não a podia encarar como tal, nem sequer para se revoltar pela cobardia do clérigo.

Diz ela que era comum e até se aceitava de forma moral que os padres pudessem fazer e deixar prole, pese embora este costume fosse sendo abandonado com o passar dos anos; convinha, nos tempos que então corriam, que não se divulgasse tais feitos. Mas todos se lembram de como, em Aquilino, a padralhada se repartia entre ágapes bem regados, as pernas abertas das mulheres e seus ventres, e o acumular, via *hereditas*, de propriedades. Se frascários havia, eram esses padrecas, verdadeiros senhores das coutadas e das abegoarias, autêntica abencerragem do dinheiro.

Sebastião chegava, para ver a olho nu o desempedernido Rato. Ele que tinha proposto o rebentamento do calhau onde se acolitava o machacaz, de forma a fazê-lo saltar lá de dentro ou, pelo menos, que as gentes percebessem que dentro da laje não havia nada senão pedra. Disseram-lhe que o homem tinha seguido viagem depois de ter proferido alguns ditirambos proféticos que deixaram todos enregelados. Tratava-se de anunciar o que era perpétuo e o que vivia da efemeridade. *Ah, coisas daquele judeu holandês!*, sentenciou o padre, como quem desfere um golpe certeiro. Para onde tinha seguido o zorato?, perguntou o serviçal de Deus. Responderam-

-lhe que parecia ter vindo do fim do mundo e ter regressado à origem. Toda a gente sabe que quando se sai de um ponto e se segue direitinho, em frente e em linha recta, se vai dar ao mesmo sítio; ao caso, o fim do mundo.

Era estranho. *Diz ela* que o padre Sebastião não se conformava com uma aparição assim breve, qualquer coisa como quem chega, deposita o verbo e se vai. O pretório queria guarda, era o que era! Queria beatério, amenistas, uma mesnada que o seguisse e lhe desse o amém em todas as traquinices que fizesse. *E como vinha vestido o manata?*, quis saber. *Como um lorde!*, foi a resposta; e descreveram-no enfatuado, de chapéu alto, corrente de ouro no colete, bengala de cabo encastrado a prata; e um crachá no virote da farpela. Quis saber se era uma cruz. Não parecia. Uma estrela, diziam uns, ou qualquer coisa de pontas repuxadas. *De pontas repuxadas?*, repetia o homiliante soprando a interrogação, mão pensativa no queixo. *É a cauda do contra-logos, do cápreo, do balabrega!*, exclamava em pensamento. Um rabo em forma de língua de serpente ou de ponta afiada em dois ou três dentes. *Está feito um charlatão!*, rosnou dando ao saiote e batendo os pés *in solum. Desta vez, o arlotão abandonou a misantropia, vão ver!*, gritou, levantando uma das mãos em sinal da sua irascibilidade.

Pediu ao Tritão que lhe servisse um copo com o sangue derramado por Cristo e colhido pelos homens na âmbula dos pecadores. Bebeu de um trago e limpou as beiças a um lenço que retirou do bolso da sotaina. Reparou, então, na televisão desligada. *Liguem-na, almas do demo!*, ordenou. Apertado o botão em *on*, a máquina arrancou num som lento e arrastado, fez aparecer no ecrã um pequeno ponto de luz que depois se abriu, aos poucos, para deixar ver o penteado volumoso de uma tal Maria Leonor. Os homens bateram palmas e o caneco de madeira escorropichou o purpúreo líquido para os copos vazios. Aparentemente, já ninguém se lembrava do Manuel Rato.

41
Explosões em solo lunar

O carnaval do Rio de Janeiro, *diz ela*, prometia quarenta graus à sombra, mas foi sob um frio gélido, de mãos nos bolsos e boné enterrado na cabeça que o Albano viu e ouviu pela primeira vez Marcelo Caetano. Protestou o cavador porque tinham interrompido as danças de uma escola de samba a desfilar na avenida, com disfarces emplumados e mulheres pouco vestidas.

O sujeito aparecia num grande plano televisivo com a cabeça a ocupar todo o pequeno ecrã; de vez em quando afastava-se e recostava-se na cadeira, deixando soçobrar uma penumbra de silêncio para dar importância às suas palavras. Naquela *conversa* queixava-se de que não se podia fazer nada no país porque logo se insurgiam uns de um lado, outros de outro, outros ainda por uma qualquer portela e aí por diante.

O governante falou num *levantar de poeirada*, alusão que o ouvinte percebeu e que o fez repetir de forma solene e exclamativa: *Poeirada!*

Diz ela que a avó ficou muito perturbada aquando do eclipse lunar total e apenas porque se soube que a *Apollo 14* ia fazer explosões no solo da Lua. A ideia da avó era que o nosso pequeno satélite estava a esconder-se para fugir ao massacre explosivo. O Augusto Fogueteiro achava que com bastante gelmonite se conseguia fazer explodir o calhau de uma só vez. Era só meter-lhe um cordão de uma ponta à outra e acender--lhe o rastilho em dois lados. O sócio rematava que corriam o risco de serem atingidos pelos bocados de pedra vindos do rebentamento. *Punha-se uma rede!*, contrapunha o Augusto, e explicava de forma muito pormenorizada como se havia de fazer as duas tarefas.

As notícias garantiam que cada vez emigrava mais gente e, desta, muita era clandestina. As pessoas tinham razão para sair; como sustentava o Galênia, o raio do mundo estava complicado. Os russos – *De onde vieram agora estes russos?*, perguntava – ameaçavam colocar uma cidade inteira a girar à volta da Terra. *Como se alguém ou alguma coisa pudesse andar à roda da Terra!*, exclamava estupefacto. *A Terra é assim* – e fazia um gesto plano com o braço estendido, a mão e o indicador espetados –, *é assim que a gente a lavra, semeia e planta. Como é que vão pôr uma coisa a andar-lhe à volta?*

Diz ela que pela mesma altura, mais coisa menos coisa, o cardinalíssimo Cerejeira foi substituído por um padrezinho novo, com ar de artista de cinema, e na caixa mágica apareceu, sem *sombras* nem *zebras*, o velho mafarrico acompanhado do substituto embonecado. O padre Sebastião entendia o que o papa estava a fazer e, com tanta loucura, era preciso meter gente nova no pretório que compreendesse as novas artimanhas do contra-logos.

O Manuel Rato, neste ínterim, voltara a evaporar-se; a última vez que os da aldeia o viram foi justamente quando seguiu quelho abaixo para desaparecer na sombra contorcida das árvores. Havia quem garantisse que andava por terras vizinhas, enfatuado como surgira e sempre sofisticado. Garantia-se que alguém tinha dito que ele era agora um artista de circo que fazia prodigiosos números de adivinhação e prestidigitação. Na verdade, o Rato sempre tivera a mania de querer adivinhar coisas estranhas e estava constantemente a dobrar e a redobrar os dedos como um acrobata contorcionista. Dizia-se que atuava com uma trupe de anões saltimbancos, vestidos com garridos coletes vermelhos debruados a dourado.

A melhor de todas as notícias, e a verdadeira, anunciava que o Rato se tornara pastor de uma igreja; tinham-no visto em Mangualde, de óculos escuros, a pregar como o fazem os ordenantes americanos e brasileiros. E aqui não lhe faltavam dotes, quer de eloquência, quer de pose.

Em breve o Rato tinha um rebanho a segui-lo para o ouvir dizer que padecemos na medida em que somos uma parte da natureza e que a força dos homens é limitada e superada por causas externas. A virtude, dizia ele, é o esforço na procura do que é útil, e útil é o que conserva o nosso ser. A alma busca o conhecimento através da razão e o conhecimento é a utilidade suprema; assim, concluía o Rato, o bem supremo que se conhece é Deus.

Algumas vezes chegava a dissertar sobre o bem e o mal para dizer que este é o que é contrário à nossa natureza e o primeiro o que está de acordo com a nossa essência.

Estes e outros ditos, proferidos em proposições simples de acordo com o livro da *Ética* do filósofo de Amsterdã, de forma eloquente e sentida pelo Rato, encontravam eco fácil nos corações dos homens e mulheres.

O padre Sebastião ameaçava acusar de heresia aqueles que o ouviam nas feiras e nas praças e de os proibir de entrar na sua igreja e nas dos arredores. Aflito, convocou os seus colegas para um ágape de lambiscos onde se debateria a estratégia de combate àquele que dava pelo nome de um roedor.

42
O poder das molas

Uma carrinha de caixa fechada entrou na aldeia levantando a poeira do caminho. Seria aquela a poeirada a que o chefe do governo se referia?, perguntava-se o Albano de enxada às costas a caminho de uma leira.

O veículo estacionou no centro do outeiro, junto à cruz do largo, e dele saiu um homenzinho baixo e anafado, de bochechas vivas, que com um megafone na mão foi predicando alguns chamamentos enquanto ia intercalando com buzinadelas. Abriu as portadas traseiras da máquina e, espreitando, podiam ver-se dois colchões forrados de forma colorida e brilhante.

Colchões de molas, venham ver os colchões de molas!, debitava a voz do gordinho pelo amplificador instalado no alto da cabina do veículo. O povo foi saindo das suas casas, olhando timidamente, a princípio, mas avançando sempre em direção ao local. Em pouco tempo já havia um grupo de homens e de mulheres, quase todos com utensílios agrícolas na mão, a olhar o interior da furgoneta.

O vendedor ia perguntando os nomes aos presentes e depois dizia ao megafone: *A dona Lurdes tem um colchão de palha de milho; ora, meus amigos, a palha de milho traz doenças e já não se usa; para a saúde do corpo e para umas costas direitas só o colchão de molas. Venham ver e experimentar!* E repetia esta última frase de forma arrastada e convicta.

As pessoas iam apalpando e carregando com os dedos um colchão que se encontrava estendido no interior da carrinha. O homem pusera um do lado de fora, encostado à cruz do largo, como se amparasse o próprio símbolo do sacrifício de Cristo. Atirava uma bola de metal para cima do objeto que estava na horizontal para demonstrar o *poder das molas* e, dizia, *a força do sistema!*

Um dos homens perguntou o que havia dentro da *coisa. Molas, senhor, molas! Um sistema de molas concebido pela Nasa e que é usado pelos astronautas quando vão à Lua.* O homem quis saber se os navegantes do espaço dormiam em colchões daqueles, ao que o vendedor garantiu que sim, *sem dúvida.* Houve depois muitas questões, como a de alguém que tentou perceber se uma mola daquelas não rebentaria e não se espetaria nas costas do utilizador. O vendedor tomou a pergunta como um doesto. *Rebentar?*, gritou pelo megafone. *Cada mola destas aguenta com quinhentos quilos de peso! Podem cá deitar um par de vacas ou jericos, que eles adormecem num instante!*, acrescentou.

Recebidas algumas desconfiadas encomendas, acompanhadas de parte do pagamento adiantado, a carrinha desandou levantando poeirada.

Diz ela que dias depois se pôde ver na caixa luminosa da taberna do Tritão um estranho e desengonçado veículo a circular na poeira do solo lunar, carregando como tripulante um nauta de capacete com visor apropriado e fato a condizer.

Lembraram-se os encomendantes de que os colchões ainda não tinham chegado e que, provavelmente, se tratava de um burlão que a alguns tinha engando. Por coincidência foi nesse dia que chegou a primeira das engenhocas, destinada ao regedor e entregue com pompa em sua casa.

No dia seguinte, havia uma matula em frente à casa daquele que tinha sido o primeiro homem da aldeia a experimentar um colchão de molas. O regedor saiu pela porta da frente e vinha com um aspecto sofrido. A caterva ficou ringente de espanto pois esperava um sorriso e um ar descansado. Pôs-se a hipótese de lhe ter caído mal o codório, mas logo o pioneiro fez saber que ia à procura da mulher, que se tinha recusado a dormir em cama que não fosse de folhas de milho.

Diz ela que a avó se apartara assim que soube que teria de pôr o corpo naquele *rebolo*. Como era seu hábito, desandara entre lérias e fora dar com os costados à minúscula esquadra da aldeia onde já só restava a triste figura do velho soldado raso Arménio, uma espécie de móvel abandonado que, se necessário, abria e fechava o aposento.

Durante três dias, de velas acesas e carqueja a arder, a mulher recusou abandonar o presídio e poisou o corpo na enxerga milharenta que por lá havia. Regressou depois a custo e após terem vindo os de Mangualde desalojá-la. O regedor já tinha mandado incensar o velho colchão, pelo que a mulher passou a dormir no chão com mantas de retalhos a servirem de mortalha. E assim foi até se finar. A armadura do novo ficou pelo quintal como uma teia de arames escurecidos, também ele submetido ao fogo; alguns vinham vê-la e procuravam perceber onde estavam as célebres molas que davam nome ao engenho.

43
Um novo tempo

De vez em quando o Júlio deixava algumas páginas de jornais na taberna. Os homens iam deitando o olho, sobretudo aos anúncios onde apareciam fotos de raparigas jovens que trajavam de forma a mostrar o corpo. As páginas com publicidade a biquínis ou a roupa interior desapareciam rapidamente ante os protestos do Tritão. A notícia da doença de Elizabeth Taylor deixou todos consternados, mas alguém tinha rasgado e surripiado a imagem da diva. O mesmo acontecera com a foto de uma tal Jenifer Miles, uma modelo muito bela que era acusada pelos serviços secretos americanos de espiar a favor de Cuba.

Já a guerra no Oriente Médio ou no Vietnã servia para embrulho ou para limpar botas enlameadas. O anúncio de um filme de James Bond fora recortado e colado numa das paredes da taberna.

Aos poucos, de forma muito lenta e sem que isso fosse percebido de modo consciente pelos seus, a aldeia abria uma talisca ao mundo. Não estava ainda preparada para o fazer, por isso, às vezes, rebentava de espanto e de incompreensão.

O Manuel Rato apareceu numa tarde de verão acompanhado de um grupo de fiéis; distribuíam folhinhas em que se proclamava a morte de um mundo e o ressurgimento de outro. A maior parte dos aldeãos não sabia ler ou, ainda que soletrasse, não entendia o vocabulário usado. O janota e o seu pretório assentaram arraiais junto ao cruzeiro, o poiso predileto do Rato.

Juntaram-se miúdos e um ou outro homem foi-se chegando; alguns terão pensado que o seu conterrâneo vinha também mercar alguma coisa como o fizera o negociante de colchões. Mas o Rato oferecia a palavra da salvação.

A seu lado, dois acólitos seguravam um lábaro onde estava estampada uma cruz de Cristo, como as que engrandeceram o império. O Rato apresentava-se com um fato branco, de colete e casaco; os sapatos eram igualmente alvos e, na cabeça, ostentava orgulhoso um pálido chapéu alto que tirou e aconchegou ao peito antes de começar a falar.

Dirigiu-se aos presentes tratando-os por irmãos e dissertou vagamente sobre o anúncio de um *novo tempo* no qual Deus não existia para castigar e condenar, mas para ajudar cada um a salvar-se. Dizia o ousado palestrante que um, sem o outro, nada podia fazer.

Os homens foram-se chegando e as mulheres, de longe, assistiam de lenços poisados na cabeça. Parecia-lhes que o Rato se tinha tornado um homem bonito e bem-arranjado e fora isto mesmo que a mulher do Albano alvitrou à vizinha para o outro lado do quintal. O marido, que abria regos ao feijão, avançou direito ao largo levando consigo o sacho pela mão como se fosse uma bengala. Atravessou pelo meio dos poucos que se juntavam à volta do monumento e já perto do Manuel Rato assestou-lhe, qual chibarro, com o cabo do instrumento num dos ombros, deitando-o de imediato ao chão. Ainda levantou e baixou o pau duas ou três vezes, enquanto o mangolão homiliante gemia num tonilho e resvalava pelos degraus da base do cruzeiro. Alguns dos presentes deitaram a mão ao Albano e um desses desfechou-lhe tamanho soco na cabeça que o derribou.

Os porta-estandartes do Rato desataram a correr quelho abaixo, seguidos dos outros, e não mais se viram. O Arménio, desfardado, ajudou o Rato a levantar-se, o qual seguiu coxeando enquanto sacudia o ombro atingido e coçava a cabeça buscando rasto de sangue. O Galênia, chegado no momento em que a assuada já estava a desfazer-se, proferiu, olhando o zagal em debandada: *Lá vai tudo quanto Marta fiou!*

Já distante, o Manuel Rato parou para ver o largo apiedado e lançar aos que lá estavam um inequívoco manguito. Foi nesse instante que a guarda de Mangualde lhe deitou a mão.

44
Uma forma de estar no mundo

Preso o Rato, esperava-se que esclarecesse a forma como tinha sido morta a Chichona. Se os russos mandavam uma sonda a Júpiter, mais depressa a guarda faria o suspeito dizer o que sabia, embora as coisas da terra parecessem cada vez mais difíceis do que as do espaço.

Diz ela que o interrogado falou muito, mas disse pouco; na sua prédica tentou captar como devotos para a sua seita o sargento e o cabo que o interrogavam. Sentado à mesa, diante de uma *Triumph* com uma folha branca encastrada no rolo, o cabo não sabia em que teclas devia bater. Precatado, o Rato ia dar mais trabalho do que Klaus Barbie, o nazi apelidado como o *carrasco de Lyon* que os jornais davam a conhecer através dos seus depoimentos.

Contou das suas longas conversas noite fora com a vítima e da forma como ela, batidas as doze badaladas na torre sineira, o convidava a recolher-se na sua pequena casa; garantia, no entanto, que nunca o fizera e sempre debandara em direção à mata onde gostava de andar e falar com as árvores. *Por que haveria de matá-la?*, questionava os soldados. Havia tanta gente na aldeia que não gostava dela, desde logo as mulheres dos que a visitavam, não por ciúmes, adiantava, mas pelo dinheiro que lá deixavam. Quando perguntado pelos nomes dos visitantes, calava-se. *Venho do seminário, não digo nomes!*, assinalava.

Naquela noite, dizia, já encontrara a mulher morta, mas com o corpo ainda quente. Ficara tão tristemente abalado que só tivera cabeça para fugir até onde as forças o empurraram.

Quando passava pela sua casa sentavam-se os dois em banquinhos baixos, a dedilhar conversetas que morriam nas labaredas do borralho. Ela falava das ruas estreitas da capital, por onde andara muito nova, e das tabernas onde o vinho e o fado entretinham os homens. Gozava ao ouvi-lo contar histórias do seminário e tentava perceber por que falava sozinho enquanto deambulava pelos bosques ou se sentava, altas horas, nos degraus do cruzeiro em frente da sua porta.

Dizia-lhe que esperava pela morte e que não sabia a razão pela qual ainda recebia homens, embora gostasse de os sentir soçobrarem no seu corpo como animais que desfalecem. Aceitava o dinheiro como um hábito, mas nem sequer o gastava e mostrou-lhe, retirando de um sítio escondido, um ror de notas sujas e amarrotadas. A aldeia era uma forma de estar fora do mundo, por isso dizia que ali tudo lhe parecia uma espécie de teatro de marionetas onde as figuras se moviam como se não tivessem alma. O que a fazia gostar do sítio era sentir as pessoas todas iguais, exceção a ele, Manuel Rato, que não parecia pertencer àquele mundo.

Transcurso o interrogatório, na aldeia todos souberam que o suspeito deixara de o ser; negara o crime e convencera os inquiridores a deixá-lo sair em paz. De resto, o cabo pouco dera aos dedos nas teclas sebentas da *Triumph*, para além de algumas frases de circunstância e dos usuais termos de que se revestem os depoimentos. *E nada mais tendo acrescentado, reitera a sua completa inocência*, rezava a penúltima linha da folha que tinha vinte e cinco.

O Rato assinou e saiu; à porta inspirou fundo e encheu o peito de ar. O sargento deu-lhe uma palmada nas costas antes de ir buscar o boné. Saíram ambos em passo concertado, como soldados em marcha. O Manuel Rato parou para dizer: *Como podia alguém pensar que eu era capaz de matar uma pessoa?*

45
As bonecas da *Penthouse*

Diz ela que se chamava Jon Mattingly o primeiro homem a ser pai na Lua. Pertencia à *Apollo 16* e era responsável por trazer para a Terra quinze quilos de pedras do satélite. A mulher iria dar à luz enquanto ele estivesse ocupado a escolher os calhaus. Não era uma tarefa fácil porque quinze quilos, em pedregulhos ao acaso, pode parecer muito, mas não é. A dificuldade consistia em selecioná-los devidamente.

Todos sabiam que, se alguém devia ir à Lua escolher pedregulhos, eram o Fogueteiro e o Labruaco. Este adiantava que a pedra do astro não prestava porque se desfaz com muita facilidade, razão pela qual o solo lunar está cheio de pó. Garantia que os americanos desejavam ver se, junto com o pedroiço, vinha algum metal precioso, mas, assegurava, para tal era preciso esgaivar e os tipos que lá iam eram bisbórrias que não sabiam dar à enxada nem ao pico. A verdade é que do astro se tinha trazido armalcolite, um mineral que só mais tarde viria a ser descoberto na Terra, bem como pequenos calhaus de tranquilitite, cujo nome mais parecia o de um medicamento para os nervos, e piroxferroite, qualquer coisa que devia oxidar com facilidade.

Se o filho do astronauta ia nascer com o pai na Lua, às voltas com os calhaus que ia deitando para dentro de um saco, na Terra a morte fazia das suas. Um dos Fuzarcas entornava calmamente uma branquinha que o Violeiro fez questão de lhe pagar quando, num repente, se estirou no chão de olhos pregados ao ramo de loureiro que o Tritão pendurara à porta do estabelecimento. Abanaram-no e sacudiram-no, atiraram-lhe água à cara, puseram-lhe sobre o peito um crucifixo que estava por cima do barril de tinto, o Violeiro abanou a boina vezes sem conta junto ao seu nariz, e nada. Um dos presentes ainda acenou diante dele as fotografias das bonecas da *Penthouse* que o *Diário de Lisboa* estampava numa das suas páginas, mas do Fuzarca não havia resposta. Deram-lhe a cheirar aguardente da melhor, enquanto o dono da taberna, debruçando-se sobre o corpo estendido do homem, encostou uma orelha ao seu peito. *Está morto!*, exclamou.

Os homens olharam-se, assustados; uns saíram, outros sentaram-se, quase todos deitavam as mãos à cabeça. Por um instante o tempo parecia ter parado; vista de cima, a cena mostrava o corpo do Fuzarca estendido no meio da saleta, os pés tombados, os braços caídos ao longo do corpo, a cabeça meio inclinada e os olhos muito abertos. O Tritão estava encostado ao balcão com um pano de cozinha sobre um ombro, a cabeça apoiada numa das mãos, e os outros espalhavam-se pelos bancos corridos, alguns com as costas dobradas e as cabeças entre os joelhos.

Acudiu gente a ver, enquanto se avisava o irmão do infeliz. Quando o irmão entrou na taberna e se postou diante do corpo, segurando o chapéu encostado ao peito, é que se percebeu verdadeiramente que os Fuzarcas eram dois. Naquele instante havia um Fuzarca vivo e um morto. Sempre tinham sido tomados como se fossem um só, ou, pelo menos, cada um como uma das metades que se completava com o outro.

Do lado de fora, o Violeiro assumia as culpas do desenlace; ele tinha insistido em pagar a bebida ao amigo que tinha resistido duas vezes à oferta. Ele é que lhe estendera o copo como um veneno mortal. Ele é que dissera: *Morra quem se negue!*

O delegado de saúde, vindo de Mangualde, diagnosticou um fulminante ataque de coração e explicou que havia umas artérias e umas válvulas que se torciam e davam um nó e assim impediam o sangue de passar. O músculo batia, mas o sangue não saía lá de dentro, e o órgão rebentava, esvaindo-se numa linfa muito líquida, uma simples água avermelhada. O ataque cardíaco, dizia o padre Sebastião, era uma dádiva divina: tem a vantagem de não se sofrer como aconteceu a Cristo na paixão e de não se ter os credores à porta enquanto se está em agonia. *É uma santa morte!*, dizia.

Há dois tipos de homens, concluía o clérigo: os que querem uma morte lenta para se irem despedindo das coisas e dos amigos, o que lhes permite um choradinho constante que implora a pena dos outros e os vai emocionando, e os que almejam um raio que os atire ao chão e os deixe mortos ainda antes de baterem com os costados em terra. É um zás-trás que nem dá que pensar. E contava a história de um homem de Vilarinho das Furnas que andava para morrer desde menino, mas que foi sobrevivendo aos da sua terra; ia a todos os funerais com gosto e dizia: *O próximo é o meu!* Quando foi preciso submergir a aldeia para fazer uma barragem só o encontraram a ele, contando mais de noventa anos. A sua longevidade, garantia o pároco, provinha de não comer nem beber e de viver a esbagoar contas de rosário em todas as horas. *Era um santo homem!*, dizia.

46
Ardem lamparinas e círios

O Fuzarca morto foi levado para o cemitério da aldeia e lá ficou na companhia dos seus ancestrais. Às exéquias compareceram os homens porque as mulheres ficavam à porta das casas a ver passar o féretro. Poisavam os lenços sobre a cabeça e ficavam numa pose de tristeza solene estampada nos rostos. As mulheres evitavam ir aos funerais porque eram elas que davam a vida e convinha não as deixar ao lado da morte.

Não havia uma única campa rectangular no cemitério; todas falhavam na geometria. Esta situação dava lugar a contendas constantes entre os vivos. O regedor tentara propor acertos, mas chegou à conclusão de que o trabalho era inglório por ser necessário mexer em todas, tal era o desalinhavo.

Alternavam montículos de terra delimitados a cacos de xisto, de cerâmica ou de pedra vulgar, com campas de mármore, nos mais diversos feitios. Nas de terra cresciam ervas, como as serralhas e as versas e, em alguns casos, despontava até uma couve ou uma ervilhaca. Os cemitérios são os espelhos das aldeias, o seu rosto e o seu cartão de identidade. Este era também um dos sítios onde o Rato se passeava nas suas longas discursatas. Falava sobre a vida e a morte e de como uma e outra eram parte da mesma realidade e se complementavam na sua essência. A fusão da matéria dos corpos com a terra era a comprovação da sua tese.

No funeral ardiam lamparinas e círios e soltava-se um cheiro a cera e a óleo queimado. O corpo baixou à terra sem qualquer cerimonial e sem lágrimas. O padre disse as costumeiras palavras do *Vinde até mim*, rápidas e breves, e os homens afastaram-se de seguida, cabisbaixos, como se em cada um tivesse morrido uma parte do que eram.

Na aldeia, os mortos enterram-se para continuarem próximos dos vivos e a fazerem parte da comunidade. Passam a habitar os cemitérios e as suas campas são lavadas e tratadas como a sua verdadeira morada. A luz que se lhes dá através das velas e candelinhas serve para os iluminar no caminho que hão de seguir e não se perderem no mundo das trevas. Mortos, sim, mas ficar às escuras, não. De modo que as gentes acendem luzes mesmo àqueles que já não têm ninguém e findaram linhagens.

Acredita-se, contudo, que os seus fumos passeiam pelos cantos dos viventes, algumas vezes soltando os cravelhos das portas e visitando os enfermos para os ajudar na cura ou os amparar no seu desfecho. Semeiam fanfarrões entre o povo e orientam os futres na sua rudimentar cainheza. E muito mais fazem: se forem almas de homens pervagueiam nas carnes enxundiosas das mulheres, dando-lhes calores e pruridos leves; se forem mulheres são como um lambisco que se insinua nas cabeças deles e os faz terem sonhos e visões que os deixam como cães em cio.

Muito podem os mortos quando se arrostam às pessoas, às pedras das casas, aos lameiros dos caminhos, e se soltam nas encruzilhadas como diabretes em cabriolas.

Assim, ao regressar a casa, cada um pediria paz ao Fuzarca para que se deixasse estar pela sua campa. Se houvesse de lá sair que fosse para trazer o bem e ajudar os vivos, sobretudo o irmão que ficara partido a metade como se vivesse só com meia cara e meio corpo, um só braço e apenas uma perna.

Em homenagem ao morto, a chuva absteve-se de cair durante bastante tempo, pois não havia agora quem consertasse guarda-chuvas. Reclamava-se, então, da seca imposta por S. Pedro para receber o Fuzarca morto.

47
O livro inacabado de Kropotkin

O Zé Violeiro tinha feito a promessa de não voltar a beber; e cumpriu-a. Era tido como o melhor artesão de violas e cavaquinhos da região, mas quando se privou da sua branquinha não acertava com um instrumento. Os tocadores queixavam-se do mau som que deles saía, um estalo quebradiço em que as notas pareciam trocadas.

Aos poucos foi deixando de tocar e já não se punha ao soalheiro, sentado num banquito à porta da oficina vibrando as cordas enquanto as afinava. Caminhava o dia quase todo entre a taberna e a casa ajeitando a boina basca; tinha de o fazer, pois não podia estar na tasca sem beber e, como se recolhera à mudez, não fazia qualquer sentido ficar na loja sem dar ao paleio. Se alguém lhe dirigia a palavra, dizia sentir saudades e quando o interpelavam sobre essas saudades, quais eram e como o condoíam, o Violeiro respondia, melancólico, como uma morrinha: *São assim umas saudades!* E mais não adiantava, ou porque se tratava de algo indefinível, ou porque não queria.

Nas tardes de domingo, sentado na base do cruzeiro, o mudo, seu parceiro da música, desafiava-o a sanfonar. O artífice perdia nele um olhar lasso e não se movia do seu poiso. O mudo tocava a sua sanfona; uma lamúria triste, um gemido de notas que se espalhava pelo largo como se chorasse, e o Violeiro recolhia-se ao interior da oficina para evitar ouvi-las.

Recebera um dia a visita do Manuel Rato e ficaram os dois muito tempo à conversa. *Diz ela* que o finório queria arrastá-lo para o seu rebanho de crentes pagãos que adoravam as árvores, os arbustos e as arvoretas e outras espécies da flora e da fauna. A mística do Rato, no entanto, não encontrara acolhimento no coração do instrumentista, um ateu convicto que prometia adorar apenas a música e a branquinha, mas que já abandonara as duas.

Um dia, o Violeiro fez uma trouxa e partiu. *Diz ela* que apenas se despediu da avó, que era o seu grande amor recatado. Deixou-lhe os dois únicos bens que lhe restavam desde que se *desafinara*: a boina e uma viola. Em passos pequeninos, como um animal em miniatura, foi-se sumindo no caminho, desta vez mostrando a coroa calva e branca que nunca destapara ao sol. Do portão, a avó ficou a vê-lo, segurando a viola que ele lhe deixara como se fosse tocar uma balada de despedida. *Diz ela* que lhe pareceu ter visto uma lágrima escorrer dos olhos da velha, mas talvez se tenha enganado. Quando a figura desapareceu, a avó recolheu-se ao lume e ficou sentada o dia todo com a boina do Violeiro na mão.

Dizia-se que tinha ido ao encontro de um irmão rico que vivia numa pequena cidade, junto ao mar, e que se entretinham os dois a jogar damas e a *comer* pedras um ao outro. O irmão, que se chamava Mário, tinha fama de estar envolvido na política e de se bater contra o regime, acolhendo na sua morada comunistas e outros opositores. Tinha livros espalhados por toda a casa, o que fez o Violeiro ganhar o gosto pela leitura. Assim se cultivou, sobretudo na erudição revolucionária dos grandes mestres, como Curzio Malaparte e outros.

Passou a navegar nas ondas da política e deu em acrata. Dizia a quem o ouvia que estava a escrever um tratado libertário baseado no livro inacabado de Kropotkin sobre a ética anarquista.

Odiava o Estado e acreditava que os homens só seriam livres com a extinção da propriedade, como tinha defendido o médico Eduardo Maia, pai do anarquismo português.

Quando morreu, deixou vários cadernos com inúmeros escritos onde tratava temas muito diversos, como a importância do açúcar na alimentação, os malefícios do tabaco, a arte de colar as caixas das violas e o número de ouro do braço dos cavaquinhos. Nele constavam muitas referências políticas a uma sociedade sem leis, Estado, Deus, família, e assente apenas na liberdade e no igual usufruto dos bens. Uma espécie de paraíso de Adão e Eva, onde um e outro tocavam instrumentos feitos por si e encantavam a serpente.

48
O desnorte do bacalhau

Diz ela que há momentos em que o mundo nos confunde. Ela, que estudou filosofia, sabe, no entanto, que na verdade não é assim: perdemos a capacidade de o ler ou não damos conta dos sinais que vão transparecendo. Fica-se, então, sem coordenadas, como uma bússola cuja agulha gira sem se deter no Norte.

As notícias diziam que a Lua estava cheia de desperdícios abandonados pelos seus visitantes e tal não era de estranhar.

Na foz do Douro, um tal Jesuíno Granjo tinha pescado um bacalhau com oito quilos e setecentos gramas. O *gadus* tinha sido vendido a uma peixeira do mercado do Bolhão a vinte e nove escudos o quilo e rendido, portanto, bastante dinheiro. Que diabo fazia um bacalhau sozinho à saída do rio? Estariam as águas do Atlântico Sul a ficar mais frias ou procurava o animal algum arenque que se tivesse recolhido ao estuário?

As notícias adiantavam que era possível existirem cardumes do fiel amigo em águas portuguesas. Era um reconhecimento da espécie aos que, no mundo, mais o confeccionavam e comiam. A ser assim, registava um cronista avisado, era muito melhor do que encontrar-se petróleo ou gás. Não só o país deixaria de importar o *salgadinho* como este ficaria mais acessível aos indígenas. E era vê-lo a saltar tarasco das traineiras, aos magotes, como se chegasse de repente à sua verdadeira pátria, à terra-mãe que dele carecia para dar de comer aos filhos, sobretudo no Natal, altura em que as almas estão mais frias.

Lixo na Lua e bacalhau no Douro dá cabo do entendimento a qualquer um. Registava o Albano que deveria haver engano. *Não será lixo no rio e bacalhau na Lua?*, perguntava de forma acintosa. E a questão levantava uma caterva de protestos porque não se pode destruir a esperança dos pobres quando nasce. O Galênia achava que, com tão pouco peso, o bacalhauzinho devia ser um juvenil aventureiro que se distraíra com as correntes do oceano. O que todos lamentavam era o erro que tinha sido vender um peixe daqueles, único, apenas por vinte e nove escudos o quilo.

Ao contrário do bacalhau, *diz ela* que passara como facto insignificante às gentes da aldeia a eleição do presidente da república pelo chamado colégio eleitoral; tratava-se de uma espécie de não acontecimento, ou seja, algo que sucede, mas que não se inscreve na memória colectiva. As coisas só chamam a nossa atenção se forem inesperadas, e a eleição de Tomás era como uma flostria no Carnaval. Ninguém percebia o uso que tinha o almirante, sempre engalanado de branco e ostentando faixas cruzadas sobre o peito, a passear-se de um lado para o outro dentro da caixa mágica. Podia ficar bem junto da sagrada família, como dissera um dia um dos homens na taberna, o que mereceu tossidelas e rouquidões inusitadas.

O almirante ficava bem na Lua porque parecia não ser de cá, garantia o Tritão, como se quedaria, de idêntico modo, a pescar bacalhaus na foz do Douro disparando tiros de corveta, asseverava.

Se o mundo estava trocado, talvez fosse solução baralhá-lo como um jogo, procurando novos encaixes para as peças que o compõem.

Era preciso ser suspicaz perante as maranhas da vida. De outra forma, como entender que numa tarde, logo após o almoço e no brasido do verão, saída do álveo do rio como uma sereia dos contos de fadas, a Olivita caminhou serena e inerme pela aldeia até entrar na casa que fora da Chichona para ali se recolher? Deixara atrás de si um fio de água clara que desaparecia aos poucos no pó do caminho e alguns peixes que lhe foram saltando dos bolsos enquanto andava. Quem a viu ficou ringente, postado diante da porta à espera de que acontecesse algo ou que tudo se desfizesse como uma história que chega ao fim.

Durante dias a Olivita não pôs os pés fora da casa e nada se ouvia provindo de dentro das quatro paredes. Que diabo se passava no interior? E se alguém lhe batesse à porta? Dias depois, a rapariga-mulher desceu as escadas em pedra que desaguavam no largo do cruzeiro e o povo ficou de boca aberta.

49
O altar do diabo

A Olivita raramente saía de casa, razão pela qual era pouco vista. Mudara como do dia para a noite. Tinha um penteado diferente, pintava-se e vestia-se como uma senhora da cidade. O que mais se notava eram os lábios passados a batom vermelho e as unhas compridas, a condizer. Usava um casaco comprido a roçagar o joelho e meias de náilon pretas ou cor de carne, coisa que nenhuma mulher da aldeia tinha, alguma vez, vestido.

Amiúde vinha um sujeito visitá-la num carro grande, azul--escuro, que ostentava uma estrela à frente. Parava a viatura diante da porta, subia as escadas de pedra ranhuda e desaparecia atrás da porta. Era baixote e calvo e trajava sempre de fato completo, algumas vezes levando um sobretudo pelos ombros. Dizia-se que era um mestre de obras de Viseu que construía apartamentos para venda e trazia vários homens por sua conta. Alguns desses operários passaram pela casa onde morava a Olivita a tirar entulho e a arranjá-la por dentro e por fora. A casa tinha ficado com a cara lavada. Os mesmos tinham andado depois a colocar pedra e cimento na entrada da capela de Santo Antônio e a pintar-lhe a fachada que rebrilhava na alba.

Os homens comentavam. As mulheres também, mas por sinais e sussurros para evitar, diziam, que o diabo escutasse e fosse divulgar. Esfregavam os polegares um no outro a significar uma refrega de amores escondidos e ilícitos.

Na missa, o padre Sebastião pediu que não se falasse da vida dos outros porque essa só a eles e a Deus dizia respeito. Perceberam, então, os homens, a razão de a capela ter sido arranjada e o chão empedrado.

Na taberna segredava-se que a Olivita estava por conta do construtor, gente que, *diz ela*, não era de boas intenções, pois um húngaro chamado Lazlo Toth, colega do amante da Olivita, tinha mutilado a *Pietà* de Michelangelo porque estava a conviver mal com os seus trinta e três anos, idade com que Cristo morrera sob Pôncio Pilatos. Um moço tinha lido, num dos jornais que o Júlio deixava por todo o lado, que estreara na capital um filme intitulado *O altar do diabo*, com Sandra Dee e Dean Stockwell; o anúncio mostrava uma mulher deitada, de cabeça pendida, seminua, emergindo do seu ventre um rosto ameaçador de sobrancelhas espessas, e uma alimária que se assemelhava a um polvo ou aranha gigante, pois exibia vários tentáculos. Alguém colara o anúncio do filme na porta da taberna, que passou a ser conhecida por aquele nome, o que, no entender de todos, até lhe ficava bem. Quem não gostou foi o Tritão, taberneiro dedicado que assim era promovido a rabudo macanjo.

Diz ela que a avó insistia em que se há alguém que nunca se vence é o contra-logos, pois mais do que uma entidade é uma força, uma energia que perpassa todas as dimensões. Mas sabia a avó que o caso da Olivita não tinha a ver com o mafarrico; era a vida a funcionar numa das muitas formas que pode assumir. A mulher era jovem, precatou-se quanto pôde e como a ensinaram, mas acabou por seguir outro caminho. *Era o dela*, dizia a avó entre fumos e sombras, de olhar manso preso ao borralho. E virava as cavacas para mostrar como é a vida: *Vira-se e arde de um lado, vira-se e arde do outro*, dizia, *até se consumir e ficar tudo em cinzas*. E já se abstinha de acrescentar que as cinzas se varrem e atiram à terra para que dê novidades sãs e a estalar de verdes.

Aos poucos o mestre de obras começou a ir à taberna e pagava bebidas a quem estava, retirando do bolso um maço de notas dobradas e presas por um elástico. Falava e trazia novidades, assuntos de um mundo que a aldeia tinha de se preparar para viver. Lojas que vendiam roupa já feita e dispensavam os alfaiates, outras onde as pessoas se aviavam para cestas e pagavam tudo à saída, sinaleiros que não tinham parança pelos muitos carros que se moviam pelas estradas, mulheres-polícias, telefones que dispensavam as operadoras e tantas maravilhas.

O rico-homem começou a dar emprego aos mais novos da aldeia ocupando-os nas muitas obras que mestrava; uma carrinha levava-os ainda madrugada para várias paragens e trazia-os à noite. A aldeia estava agora em contacto vivo com outras partes do mundo e nunca mais seria a mesma. Os moços que iam e vinham trabalhavam nas obras a servir de pedreiros e serventes, traziam consigo hábitos novos, como, por exemplo, beber cerveja e reclamavam junto do Tritão a necessidade de comprar um bilhar.

Diz ela que, dos muitos mistérios que a aldeia albergava, um ficava por resolver: onde estaria a coleção de santinhos da Olivita? Ainda estaria na sua posse ou teria sido virada com um tição e desfeita em cinzas?

50
Uma mão no ar revolta

A muito cobiçada revista *Plateia* trazia na capa uma foto em biquíni de uma estrela do teatro e do cinema chamada Io Apoloni. Depressa a penduraram numa das prateleiras da taberna a servir de pasto às moscas que varejavam o ar. Num jornal, por contraste, a preto e branco, via-se na primeira página uma imagem de uma criança vietnamita, sem roupa, a fugir de um mar de chamas de napalm chamado Trang Bang, a quarenta quilômetros de Saigon. As duas imagens remetiam os aldeãos para o Altar do Diabo.

O papel que servia de suporte às imagens conferia um sentido irreal ao que estas deixavam ver. Sabia-se que a vida era assim, mas a pacatez da aldeia deixava perceber que vários mundos se juntavam no mesmo e que nunca se juntavam; o problema era: e se um dia se juntassem?

Durante os jogos olímpicos, numa cidade alemã, foram mortos vários atletas israelitas. A caixa mágica relatava as coisas sem emoção e permitia que se abatesse um gélido silêncio sobre quem ouvia. Nada como acontecia com as conversas que se tinham diante do lume da cozinha enquanto se fazia uma sopa, ou com as discussões da taberna onde as vozes se levantavam numa assuada. Sabiam agora as gentes da aldeia que caíam aviões, descarrilavam comboios, matavam-se governantes a tiro, decorriam inúmeras guerras em sítios com nomes nunca antes ouvidos e, mesmo no seu país, havia bombas a rebentar. Uma palavra aparecia, então, com frequência, e era nova: inflação. Percebia-se que era qualquer coisa complicada que não se via, mas sabia-se que era má. *É a modos que uma coisa que ataca as moedas*, explicava o João Barbeiro no seu entendimento; fazia os outros pensarem numa espécie de ferrugem ou verdete, e a levarem a mão ao bolso e tirarem os seus trocos para os analisarem um a um à procura da fatal doença.

Um médico de nome Peter era capaz de congelar pele humana e depois colocá-la nas feridas e nas queimaduras para as tapar. Era uma espécie de adesivo que, dizia-se, um dia se poderia ter em casa e usar em caso de necessidade. Anunciavam-se férias no Algarve, até para idosos, seguros para todos os gostos, esquentadores e cursos de línguas em muitos institutos credenciados e cruzeiros em navios de luxo.

O presidente do conselho viajava bastante. O povo estava habituado ao velho da cadeira que estava sempre quietinho no seu poiso a velar pelas gentes, razão pela qual, se calhar, nunca tinha deixado que a tal inflação se destapasse e visse a luz do dia. Este era diferente. Ora ia para o Porto, ora cirandava pelas ilhas e pelas colônias, ora abalava para o Brasil, sempre com grupos de pessoas atrás dele. *Diz ela* que, nessa altura, começava a constar que o governo falava com os movimentos de libertação e que, em breve, a nossa guerra ia acabar. Se assim fosse, os rapazes que trabalhavam nas fábricas e na construção e que começavam a ganhar melhor já podiam casar-se antes de passarem a provação do serviço militar. Havia dias que a televisão mostrara o casamento dos deficientes das forças armadas, todos eles de noiva ao lado e sentados em cadeiras de rodas. Um casamento colectivo para que parecesse que estávamos todos unidos. *Diz ela* que olhou para os seus rostos e se interrogou como seria, dali em diante, a tormentosa vida daqueles homens, carregados de pesadelos e de dores.

Numa das suas conversas na televisão, o caixa de óculos presidente frisava, para que não restassem dúvidas, que eram tudo mentiras. Dizia que jamais haveria qualquer cedência que pusesse em causa quem mandava nas colônias e, desta feita, nada tinha para negociar. Enquanto falava, a sua mão direita revoava agitada ao lado da cabeça como se fosse lançar uma granada a quem o ouvia.

O Fogueteiro, que tinha estado em Angola a dar tiros para todos os pontos cardeais, começou a atirar os copos usados ao chão e desatou aos pontapés aos bancos corridos e às mesas, ao mesmo tempo que chamava nomes ao homem das conversas; ainda lançou um copo de aguardente à televisão, embora sem provocar qualquer estrago, o que veio demonstrar que não valia a pena atacar a caixa porque ela era indestrutível.

Diz ela que o Américo, que passara pela Guiné, fugia para casa a chorar quando rebentavam foguetes e ninguém o conseguia tirar do seu asilo debaixo da cama; também o Fogueteiro tinha trazido os seus traumas da guerra. Lançava a pirotecnia e fazia os rebentamentos como se houvesse um inimigo a aniquilar. Atirava raiva em cada foguete.

51
O homem e a montanha

O regresso da *nova* Olivita mudara mais o mundo do que a estação espacial tripulada que os soviéticos prometeram e puseram no espaço. Jorge, o pastor que tivera a seus pés a dama que descera da avelaneira e saíra um dia do leito do rio com peixes a saltarem-lhe dos bolsos, rondou durante semanas a casa da amante do mestre de obras. Se tinha dúvidas sobre a ocorrência de milagres, o pobre domesticador de ovelhas tinha-as desfeito quando vira a *milagrosa*, como lhe chamavam, equilibrar-se sobre os tacões altos dos sapatos e alisar as meias de náilon na barriga das pernas, suspensa num só pé.

O galopim deixara de levar o rebanho a pastar e parecia ter desistido de tudo. Não se aproximava de ninguém como se temesse ser confrontado com o que não sabia explicar. Alertado, o padre tentou por todos os meios chegar-lhe à fala, mas o pastor escapava-se qual enguia nas patas de um gato. O grande receio era que o Jorge fizesse algum mal ao dono do *Mercedes*, um homem que tanto tinha trazido à aldeia e que pagava bebidas ao sôfrego mais incorrigível que passasse pela taberna.

A Olivita reparou, um dia, naquele que a espiava. Ficou, por instantes, a olhá-lo e depois dirigiu-se ao seu encontro. Disse--lhe qualquer coisa que não se pôde ouvir, virou costas e seguiu caminho. O Jorge viria a desaparecer logo depois desta breve reunião.

Na aldeia, como no país, sempre que alguém tinha um problema desaparecia. O padre dizia que se tratava de um costume medieval. A ser assim, naquele tempo as pessoas iam para a terra santa, para os confins da África ou para um retiro qualquer; nos tempos modernos o uso mudara e fazia-se como o Manuel Rato: metiam-se numa pedra. Contava-se ainda a história de um homem que desaparecera enfiado num monte. Entrara por um lado, acompanhado de uma porca, e saíra do outro já com o animal comido. Engordara o bastante para se ter percebido que tinha comido a porca sozinho e que não tinha encontrado ninguém no interior da montanha. As marcas da sua entrada e saída, de um lado e do outro, estavam bem assinaladas e numa delas mandara-se colocar uma placa assinalando o feito. O homem chamava-se Joaquim Machacaz e morrera na Flandres durante a primeira guerra.

Na verdade, o Jorge apanhara uma *boleia* com o João Passador. Naquela altura já não se levavam *Singers* para costurar, mas café e amendoim. Assim, coube ao pastor carregar sobre os costados uma sacada de cinquenta quilos do grão negro e com ela atravessar a fronteira. Da Espanha seguiu para a França e alcançou Paris. Empregou-se, então, na construção civil a chegar massa aos pedreiros. Ganhava pouco e era infeliz. Morava no bairro de lata de Champigny e frequentava um café aonde iam os emigrantes mais pobres e que não tinham a família consigo. Era possível ver televisão a cores, o que muito surpreendeu o servente. Gostava de ver futebol e admirava o verde esplendoroso dos relvados a sobressair. Só as imagens do espaço continuavam a preto e branco, mas pelo menos eram nítidas.

Algum tempo depois, o pastor Jorge mudou-se para a região de Lyon onde se pôde empregar nos campos. Fixou-se na aldeia de Oingt, uma terriola medieval com um edifício acastelado, entre montanhas, onde predominavam as vinhas. Era conhecida como a região das pedras douradas e fazia-lhe lembrar a sua aldeia.

Durante a vindima, o cheiro do mosto recordava-lhe a Olivita e os santinhos caídos a seu lado; lembrava-se de um céu muito azul sem nuvens e do prazer que lhe dera a boca da mulher. Em Viseu, o mestre de obras levava a *milagrosa* a assistir ao filme *Só as borboletas são livres* de Milton Katselas, interpretado pela diva loira Goldie Hawn.

52
Despertadores e explosivos

A mensagem de Ano-novo do presidente da república foi emotiva. O velho marinheiro referiu-se à guerra *ingrata e arreliante* e indispôs-se com o mundo que tinha ficado *com o que lhe demos e negava-nos o querermos ser diferentes.* No seu timbre adocicado mencionou a constante oposição que se fazia nas Nações Unidas contra o país, salientando que tudo não passava de um *bombardeamento maciço de propaganda subversiva e pornográfica.* Num apelo às famílias pedia-lhes que os seus filhos estivessem prontos a consagrar a vida à pátria, em vez de andarem pelas escolas em greves e protestos.

Quem ouviu a sábia oração do homem de branco ficou inquieto com a mistura das bombas com a pornografia. O Cachaca entendeu que se tratava de uma arma nova que estava a ser usada na guerra das colônias e o Fuzarca restante dizia que uma bomba, no caso, era uma rapariga bem-dotada.

Ao regedor parecia-lhe que aquela não era a melhor forma de falar de modo que o povo entendesse. Talvez, admitia, o almirante não quisesse levar a sua mensagem aos lapúrdios, mas apenas aos esclarecidos das cidades.

Na televisão apareceu também um tal Sá Viana Rebelo que criticou os programas das rádios, dizendo que só falavam *das tristezas dos soldados, dos natais sem família e das vidas dos emigrantes,* tudo, dizia, *num tom agressivo para almas impressionáveis.* Por seu lado, o governador da Guiné, um general chamado Spínola, opinava que o ultramar só seria pátria portuguesa se todos tivessem os mesmos direitos; sem se perceber o que tinha ele a ver com o assunto, adiantou: *O congelamento dos salários contribui para as convulsões sociais.*

Havia qualquer coisa que não estava bem. Até mesmo as pessoas da aldeia, onde poucos sabiam ler, percebiam que soprava um tarasco de arrepiar. Um jornal referia-se a reuniões da oposição, gente que queria fazer uma coisa chamada *congresso*. Numa igreja da capital os crentes recusaram-se a sair, como protesto contra a guerra. A polícia teve de as ir buscar ao interior da orada e, pouco tempo depois, os que protestaram e eram funcionários públicos foram demitidos.

Um rapaz de vinte e dois anos, chamado Nelson do Rosário Anjos, foi preso e ia ser julgado por subversão e por pertencer a uma organização chamada Luar que, noticiava-se, tinha sido constituída havia seis anos, após o assalto a uma delegação do Banco de Portugal. O moço era ainda acusado de, com *animus conspirandi*, ter cometido um assalto ao consulado em Roterdã e roubar alimentos para operários em greve, bem como por adaptar relógios despertadores para funcionarem com explosivos.

O Tritão pensava que as forças se cruzavam de forma perversa. Havia gente a rezar e um anjo preso. A polícia metida na igreja e um rapaz chamado Rosário a conspirar. E por que aparecia a palavra luar em toda aquela conversa, perguntava ao seu auditório, que o escutava atento e abastecido de copos na mão? E afinal, roubar para dar comida aos operários havia de ser crime? O Augusto Fogueteiro garantia que na tropa tinha ouvido falar do trabalho dos explosivos com os despertadores. Explicou que se ligavam uns aos outros e, quando os ponteiros chegavam ao ponto marcado, o rastilho detonava.

A verdade é que se fazia sentir muito frio e, porventura, era esta a razão pela qual se falava no *congelamento* dos salários, entendia o Galênia.

A caixa mágica, no fecho de um noticiário, anunciava que trinta magos, feiticeiros e videntes italianos se tinham metido numa gruta para prever as agruras do ano que tinha começado; escapara-lhes que iam apanhar, cada um, uma feroz laringite.

Diz ela que a avó se riu quando soube o que tinha sucedido à trintena de adivinhos. Perguntou o que previam os magos e responderam-lhe que ditavam um ano mau. *Mas o que aí vem vai ser bom!*, respondeu. E *jura ela* que quando a velha assim falou tinha um molho de cravos vermelhos no regaço.

53
A angústia da raposa

O Albano batia as costas da enxada em torrões duros como pedras quando a guarda veio buscar a sua mulher. Assim que o avisaram, largou a ferramenta e correu campo fora até casa. Quando chegou, já a Maria da Glória estava na viatura, de lenço atado no queixo e olhar triste. O cavador quis saber o que se passava, inquiriu os soldados de maneira insistente, mas estes apenas lhe perguntaram se queria entrar no veículo. Do lado de dentro, ela permanecia calada e apática, como se tivesse sido surpreendida a fazer algum mal.

Ao Albano, um suor álgido revessava-lhe das entranhas. Saltaricava de um guarda para outro e puxava-lhes as dobras dos coletes, num nervosismo inquietante. Depois de muito protestar e perante a ausência de respostas, acabou por entrar na viatura e sentar-se ao lado da detida.

O carro comeu a estrada até desaparecer envolto em poeira. Não havia gente no momento, apenas alguns garotos brincavam aos *cantinhos* pelo terreiro. Num instante debandaram pelos quintais a contar o que tinham visto. *Diz ela* que era a primeira vez na aldeia que se prendia alguém do sexo feminino.

Depressa se compreendeu que a detenção da mulher do Albano estava relacionada com a morte da Chichona. A maior incredulidade provinha dos semblantes estupefactos das outras que se juntavam em grupos falando do assunto. Nenhuma aceitava que a Glória pudesse, só com as mãos, perpetrar tal ato.

E por que havia de o fazer? Em boa verdade, não era misseira nem de rondar os santos e anjos ou a sotaina do padre. Andava no seu sossego pelas terras, sachando e regando, dava milho à criação e recolhia mato para fazer a cama ao gado. Sabia-se que o Albano era perdido pelas carnes envelhecidas da boneja e que atirava para o cúpido. Lembravam-se de como ele se recolhia, quase todos os fins de dia, à penumbra da porta da vendida. Saía com ar delambido como quem vinha de arrulhar lascivos gatimanhos. Deveria entrar assim em casa e ela, a Glória, assanhava-se na queimadela do ciúme e sofria a afronta com amargura. Teria perdido a cabeça, certamente. Em vez de pespegar uma cacetada nos cornos do homem, devia ter ido, de cabeça perdida, a casa da bagaxa pedir-lhe contas e a devolução do dinheiro que ele lá deixava, mais as garrafas de aguardente e vinho, enchidos e pão que levava da taberna. Alguma chispa lhe tinha obdurado a cabeça, deviam ter discutido as duas e, numa destravada cambulha, a Glória, de mãos arrostadas ao gasganete da velha marafona, deve tê-lo apertado com tanta força que a trasfegou.

Depois, devia ter saído no pez da noite com as mãos ainda trementes da força que tinha feito e do nervosismo que a tomava por inteiro. Então, sim, as mulheres entendiam, e lembravam-se de ela se encolher pelos recantos da casa igual a uma sombra disfarçada sob um lenço escuro. Nos dias que se seguiram à morte da velha meretriz, a Glória enterrara-se com ela.

Quando ao início da noite o Albano regressou de Mangualde deu a notícia de que a mulher tinha ficado presa. Estava lívido e assustado como uma raposa ao ouvir o latido da matilha. Ninguém teve coragem suficiente para lhe perguntar fosse o que fosse. Entrou no anexo onde guardava as abegoarias e dali proveio, então, uma assuada. Dir-se-ia que o cavador partia tudo o que tinha e desbragava-se num palanfrório de furor e raiva.

54
Terra quanta vejas!

Há palavras que surgem não se sabe de onde e, quando damos conta, já se instalaram. Naquele tempo, *diz ela*, foi assim com *cancro*, *espaço*, *informática* e *nuclear*. Parecia, no caso da primeira, que a doença era nova e que, de repente, muita gente passara a morrer por causa dela. As notícias que o mundo trazia até a aldeia falavam nas curas, umas mais milagrosas do que outras.

Para as gentes que habitavam as ruelas e os quelhos daquela cova entre montes, o cancro era um bicho insidioso que habitava as profundezas da terra e que saía para se agarrar a alguém que se distraísse. Normalmente colava-se às mulheres que, diz-se, são mais absortas, e quase sempre às suas mamas.

Ninguém na aldeia tinha ainda sucumbido ao mal que, dizia um professor chamado Hugo Thorell, haveria de ser em breve a maior causa de morte. Por isto, os aldeãos preferiam saber coisas mais interessantes, como, por exemplo, que a superfície de Vênus apresenta rugas. Era bom saber, também, que os americanos e os russos se iriam encontrar no espaço, depois de Nixon e Brejnev se terem entendido em relação às armas nucleares.

Aos homens fazia-lhes impressão que não houvesse estradas no espaço. Como podia haver um sítio onde não fosse preciso pontes e caminhos para poisar os pés se os homens não voam? O espaço, dizia o Cachaca, devia ser uma espécie de céu, uma coisa feita de nada, mas que está algures entre tudo. O Fuzarca restante entendia que havia uma bola gigante dentro da qual estava tudo; entre as coisas que estavam nessa esfera, morava o espaço. Um rapaz que trabalhava nos carros, em Mangualde, explicava pacientemente que o espaço é justamente o sítio no qual não há estradas e não há mais nada, por isso assim se designa. Ou seja, é tudo aquilo que resta do que não é outra coisa.

O Augusto anunciava que o terreno onde estava o calhau que servira de refúgio ao Manuel Rato lhe pertencia por direito; custara-lhe dois dedos, era certo, mas era dele. Os dedos tinham ficado na procissão da senhora da Graça quando lançava os foguetes da festa e uma das canas rebentou no momento em que a largava. Tinha tido sorte, sabia-o, até porque ele, gracejava, não tinha um computador para fazer o lançamento. Era *à unha*, dizia.

Tentara fazer um seguro quando por ali tinham andado uns tipos vestidos de preto a vendê-los. Mas não se fazem seguros para quem lida com explosivos. Os outros não percebiam o seu desejo de ter terras, comprá-las e passear por elas como uma nave anda tranquila pelo espaço. *Terra quanta vejas!*, exclamava o homem dos foguetes que não se importava de trocar os dedos da mão por pedaços do torrão amado. *Vou plantá-la de vinhas*, anunciava de forma gabarola e, quando alguém retorquia dizendo que o solo só tinha pedras, o Augusto respondia: *E para que quero eu os dedos?!*

Havia quem explicasse que o mundo ia mudar; iam surgir novos materiais, coisas mais leves, feitas em fábricas, se calhar até aproveitando o lixo que os urbanos produzem às toneladas nos seus apartamentos, mas o Augusto manifestava-se incrédulo em relação a estes anúncios. O mundo, pelo contrário, ia precisar cada vez mais de pedra, porque, na sua forma de ver, os calhaus já estão feitos na natureza, são uma dádiva de Deus, foram-nos oferecidos quando se fizeram as coisas; não os usar é virar costas à criação divina, dizia ele, olhando a expressão dos outros para apreciar a receptividade que tinha o seu *argumentum divinum.*

Quando alguém deu nota de que um vidente chamado Arnoldo Heller previra o advento de uma nova guerra mundial a começar em 1975 e que o dito tinha acertado na previsão de um sismo e nos problemas de Nixon, o Augusto fez estalar um *ainda bem!* porque um conflito iria fazer subir o preço dos explosivos e, garantia, até se podia voltar ao volfrâmio.

Egídio, o rapaz que trabalhava na fábrica dos carros, leu, então, que tinha morrido um presidente de uma terra chamada Chile e que estavam a matar muita gente. *Será o início da tal terceira guerra?*, perguntou o Cachaca. *A terceira guerra começa na China quando cada chinês quiser um carro*, disse o Tritão para logo perguntar: *Vocês sabem onde é a China?*

55
Os que morrem

Diz ela que a aldeia francesa de Linac-sur-Couze, a doze quilômetros de Brive, na verdade era uma aldeia portuguesa. Tendo ficado deserta, foi ocupada por bravos camponeses lusos que se dedicavam a cultivar as suas terras. Os mais novos ficavam descansados por saberem que tinham para onde ir se fosse necessário fugir à guerra. Foi para lá que se mudou o Jorge.

Para o Júlio Peixeiro o mundo estava cada vez maior. Além das muitas terras que havia por todo o lado, ainda se podia ir para outro planeta. Foi assim que ele entendeu a notícia de que um astrônomo peruano jurava haver vida extraterrestre, ou de que as pessoas podiam viver em cápsulas que giravam à volta da Terra, como acontecia com o Skylab, um laboratório inteirinho a circular na órbita terrestre.

De resto, salientava o Júlio, nenhum soldado português morria nas colônias; bastava ler os jornais. E fazia-o em voz alta: *Fita Fatima, natural de Nova Lamego, concelho de Gabu, filho de Jafa Fita, morto em acidente de viação; Jorge Nhate, natural de Cacheu, filho de Suco Cufale, morto por acidente com arma de fogo.* E prosseguia, citando os nomes, localidades e ascendência. Nenhum morria em combate. Às vezes morriam *por doença.* A notícia adiantava que a ausência de soldados tombados por fogo adverso se devia ao *enfraquecimento do inimigo.*

Falava-se que havia petróleo entre o Porto e Peniche e que, em breve, iriam começar as prospecções, mas esta esperança não afastava a preocupação de o feijão-verde ter aumentado dois escudos por quilo e de se prever um aumento do preço da batata. Os homens bem diziam que ninguém come petróleo, mas batatas e feijão quem não come?

O Manuel Rato aparecera na aldeia acompanhado dos seus fiéis seguidores. Dirigira-se à casa do Albano, pelo que se presumia que alguém tinha pedido a sua comparência. O cavador não saía de casa ou só o fazia para ir a Mangualde ver a mulher. Os outros viam-no pesaroso como um olharapo, sempre com um ar de alguém que fora traído. Acima de tudo parecia que o Albano admitia a culpa da mulher e assumia a vergonha do seu ato perante a aldeia. Deixara até de dar atenção à espinhosa cunhada, a qual se aventurava nas matas e nas bouças, onde buscava recantos para se deitar com o vestido subido a deixar ver a pele muito branca das coxas.

A chegada do Rato, dizia-se, tinha em vista trazer o perdão de que o Albano necessitava para viver em paz. O padre Sebastião mandava recado fazendo menção explícita de que *perdoar, perdoar, só Deus perdoa!* Ainda houve quem visse o ousio caminhador vazar água fria sobre a cabeça do Albano e depois dar-lhe com uma corda nas costas, ao que diziam, trinta e nove vezes, tantas quantas as chicotadas que Cristo recebeu dos legionários romanos.

Enquanto prosseguiam os tratamentos, o frascário e a sua trupe amesendavam-se em casa do cavador papando-lhe as galinhas em saborosas canjas, o toucinho e outras carnes cozinhadas e temperadas de várias maneiras. Bebiam-lhe o vinho das pipas e aventuravam-se nos enchidos, queimados em labareda acesa com aguardente envelhecida em bom casco. Comiam-lhe o pão, da côdea à massa tenra, e lambiam os beiços das gemadas que batiam com mel.

O regedor chegou a ir à casa do enfermo alertar o Rato de que estavam a passar das marcas, mas um dos dele pô-lo a andar, dizendo que o bem que ali faziam não tinha preço.

Assim foi, até que a despensa se esvaziou. Também a alma do pobre Albano se desprenhava da morrinha que trazia consigo. Ainda não era o cavalo de força que tinha sido, mas já punha o pé junto ao portão. A seita roedora partiu anafada e alegre levando consigo o seu estandarte, no qual se podia ver, para além de uma cruz de Cristo, em fundo, uma espécie de cedro--do-líbano.

Uma ideia apoquentava a aldeia: como sabia a guarda que a Maria da Glória apertara o pescoço à finada?

56
E fez arder o lume

A avó sabia quem tinha dado o nome da Maria da Glória à polícia. Sabia quem, naquele princípio de noite, a tinha visto sair de forma furtiva e rápida da casa da Chichona. Não tinha necessitado de abrir cachuchos de avelãs ou ouriços de castanhas para o saber, nem tinha lançado sombras ao fumeiro ou espalhado cascas de nozes pelo chão para que lhe dessem a esperada resposta.

Diz ela que a avó tinha percebido de forma muito clara que tinha sido uma mulher a autora do crime quando reparara no pescoço da bagaxa. Um homem teria apertado com mais força e, por isso, as marcas dos dedos seriam maiores e mais fundas. Se tivesse sido um homem, a denúncia teria sido imediata. Mas demorara. E concluía a velha que aquilo era coisa de fêmeas e estas são de guardar segredo aos assuntos que as envolvem.

Aquelas mulheres, *diz ela*, falavam por meias palavras, por olhares e silêncios recônditos que só elas sabiam ler; por isto, os padres nunca as percebiam na confissão. Sobrava sempre um meio entendimento, uma dúvida a inquietar, uma alegoria que não se sabia bem o que significava. Da mesma forma guardavam, como num túmulo, o que sabiam umas das outras; não tudo, porque gostavam da bazófia dos assuntos comezinhos, mas, do que verdadeiramente interessava ao segredo, isso morria com elas. Os homens eram do ar, do corte, do desbaste, do rebentamento, dos animais, da caçada, do ruído e da fereza; as mulheres eram da terra e da criação; era delas o produto que em cada morte se devolvia ao torrão fértil. Eram das árvores, do fogo e dos fumos, dos mortos e dos espíritos, do silêncio e do perdão.

Mas estavam a mudar. Bastava ver como se despiam nas revistas e nos jornais, os anúncios publicitários à *lingerie* e aos pensos higiênicos que desvendavam segredos milenares, e todos os outros, nos quais a presença da mulher já não se dispensava. E muitas notícias, cujas ilustrações as faziam parecer deusas e apenas traziam o masculino a servir de adereço. O mundo dos homens começava também a ser delas.

Na aldeia, *diz ela*, havia uma mulher assim: a Olivita. De beata colecionadora de santinhos e pagelas revelava-se agora uma odalisca a transbordar de sensualidade e cupidez. Percebiam as outras que no caso havia intervenção do contra-logos, do mafarrico que se dedica a partidas várias, sobretudo as que transformam anjos em diabretes. Só ele poderia ter colocado a Olivita de joelhos diante do pastor Jorge a renegar as figurinhas dos santos caídos a seu lado. A megera esquecera-se assim das suas origens e do que a ligava às outras e aos elementos que a natureza pusera à sua disposição. Naturalmente quebrara o pacto ancestral e venífluo que a todas ligava ou, pelo menos, não o sentia já nas suas entranhas e no seu espírito. A Olivita, dizia a avó, já não era dali, como não era o Manuel Rato, mas como soubera ser a Chichona e como nunca o deixara de ser o Violeiro, apesar de ter saído daquela cova genuína e agreste.

Tinha sido a Olivita a denunciar a Maria da Glória. Deveria tê-la visto sair de casa da velha num sussurro de saias, de pé leve sem bater o tacão das socas, esgueirada entre paredes e muros. Observou-a durante os dias seguintes para lhe ler a angústia e o medo e percebeu que arrestava em si uma culpa de morte, a mais dura e impiedosa de todas as que existem. Nada disse, então, porque nessa altura ainda lhe batia no peito a ligação às suas raízes. Mais tarde, já panturra, descoseu o alinhavo que a prendia ao que tinha sido.

E não te inquietes, que a vida é assim e, se não é, também não sabemos como deve ser, dizia-lhe a avó. E *diz ela* que a idosa acendera perdões e pedidos de misericórdia à Olívia, vapores e sombras remexidas numa panela de ferro forjado, enquanto dizia entredentes, *Judas não foste e Pedro não serás!*, em alusão à traição de um e à negação do outro para com Cristo. E fez arder o lume enquanto não ouviu o cantar de um galo, o qual degolou, dele fez um caldo e o foi levar a casa da denunciante para que o bebesse de um trago só.

Regressada, apagou o lume, tapou a panela e dissipou os fumos. E nunca mais falou do assunto.

57
O cheiro da hortelã

Mais grave do que a poluição do ambiente é a poluição das almas, tinha dito na televisão um tal Rebelo de Sousa. E o homem das conversas em família, o caixa de óculos que se balançava para trás e para diante na cadeira, referira: *Não pensem os ingênuos que pode ter êxito um regime liberal-democrata!* E isto porque, acentuava: *Nunca para tal mostramos capacidade!*

Ia haver votos e os jornais falavam da oposição. Registavam-se protestos e prisões. O rapaz que trabalhava na fábrica dos carros fez saber que havia encontros com o sindicato e que os homens falavam de greves. O caixa de óculos anunciou que, no dia em que os portugueses entendessem ser tempo de ele se libertar do tremendo fardo que lhe pesava sobre os ombros, alegremente voltaria à sua vida.

As pessoas da aldeia não sabiam avaliar a situação, mas *diz ela* que se sentia da parte do regime uma grande inquietação. Os ministros desdobravam-se em declarações, denunciando os comunistas que queriam acabar com a guerra colonial e falavam em *manobras sediciosas*, coisa que ninguém sabia do que se tratava.

Certo é que, perante a maior votação de sempre e acusações de fraude, o regime acabou por ganhar nas urnas. Os jornais mostravam, no dia seguinte ao ato, o almirante presidente, fardado a rigor no seu traje branco, a entregar o seu voto. Ao lado, mencionava-se a ocorrência de distúrbios na capital e na Marinha Grande.

Insistia-se em que a proclamada independência da Guiné era uma fraude e uma mentira, apesar de muitos países terem reconhecido o novo país. Os aldeãos pensavam que em breve deixariam de ter de fugir àquele campo de batalha, embora restassem, ainda, alguns mais.

Em muitos casos as guerras faziam-se na cabeça das pessoas. Por verem o mundo a mudar e não o compreenderem, e por sentirem que havia outro a morrer na sucessão e na avalanche dos dias. Quando as coisas mudam muito depressa as gentes ficam sem nada a que se prenderem, como um barco sem âncora ou um cavalo sem freio. Para onde quer que se virem, tudo parece diferente e fala-se uma linguagem cujos termos não se percebem. *O que é um ordenador?*, perguntava um homem no pátio da capela depois da missa. E respondiam-lhe que um ordenador é uma espécie de máquina que se porta como Deus, pois sabe tudo e pode fazer tudo. Havia até um que substituía os médicos num hospital chamado Leeds. E os homens olhavam em volta e perguntavam-se se fazia sentido passarem uma vida naquela cova entre montes, a apascentarem gado miúdo, a verem fugir os mais novos, a ficarem todos velhos e a gastarem os ossos no amanho das terras.

O Albano parou junto ao pequeno rio onde as pedras faziam saltar a água e criavam uma espuma branca. Dali para poente a corrente ganhava velocidade e força e parecia que nada a fazia parar senão o pau com que a mulher do regedor lhe batia quando se danava. O peixe brilhava como prata nos rápidos. Atravessou o álveo seguindo uma alpondra mais abaixo e, passos depois, estava na *paveia*, a sua terra de semear tremoço, fava e feijão. Era um plaino baixo e limpo, de solo negro rodeado de pinheiros-mansos onde havia um poço com cobertura feita a barrotes.

Foi numa das traves que fez a corda dar uma volta e, apertada na ponta, deu-lhe um nó de correr. Inspirou fundo e sentiu o cheiro da hortelã selvagem e da alfavaca que nascia verde e livre. Subiu para cima de um cepo de choupo que lhe servira de banco muitas vezes quando parava para merendar e passou o nó corredio pelo pescoço. Olhou as agulhas dos pinheiros e as pinhas verdes e fechadas como se tivessem uma força interior que as impelia a ficarem assim. Com um dos pés sacudiu o cepo e ficou pendurado na corda. Foi assim que o encontraram, numa altura em que a hortelã bravia, úmida do orvalho da manhã, parecia cheirar intensamente.

58
Pervagante em busca de melhor

Compareceram ao funeral do Albano, além de meia dúzia de homens, o padre Sebastião e o Manuel Rato. Este sem a sua trupe de acompanhantes. Dizia-se que a matulagem o tinha largado por uma descrença que se fora acentuando. O Rato revelava-se mais carne e osso do que espírito e esta constatação decepcionara os seus discípulos. Concluiu o congregante que a força em virtude da qual se persevera na existência é limitada e superada pela potência das causas externas. Assim ditava a proposição III da *Ética*, a qual ele tinha aprendido pelas circunstâncias da própria vida. Estava só, então, mas ainda assim idealista. Voltar-se-ia para Fichte, como um pervagante em busca do melhor.

O padre estava de má vontade porque os suicidas lhe causavam aversão. *Deus dá a vida, Deus a tira*, disse, acrescentando que fazer o contrário é ir contra os desígnios do Senhor.

No final das exéquias uma súcia seguiu em grupo o seu caminho, enquanto o Manuel, sozinho, foi por um carreiro contrário. A matula falava de como a mulher do Albano confessara ter morto a Chichona e o dissera ao marido. Sentiu-se, o cavador como o primeiro culpado das duas desgraças e tratou de fazer a própria justiça.

O Manuel Rato aceitava agora que a felicidade não é o fim do nosso ser, mas antes a solidão mais profunda que possamos sentir. O padre Afonso, se falasse com ele, dir-lhe-ia que tinha passado de um ateísmo material a um fanatismo moral, mas isso não o abalava nas suas novas convicções. O Rato agiria de acordo com a sua consciência, tal como mandava o idealista alemão, e os seus princípios naturais. Pensava, então, que seria finalmente mais livre.

O inverno anunciava-se chuvoso; na América, uma onda de tornados varria o país e, no Oriente Médio, judeus e árabes continuavam a sufragar sob uma chuva de balas o direito a existirem e a ocuparem as terras que queriam. Os americanos seguiam todo o conflito através de satélites-espiões.

Diz ela que a avó dava sinais de não andar bem. Vivia cada vez mais no seu mundo como se também ela fosse, então, sem o saber, uma seguidora do idealismo fichteano. Esquecia-se de fazer os lambiscos para o almoço e perdia-se de forma ignávia pelos caminhos. Parecia falquejada no juízo e tinha já, por duas vezes, saído para a rua sem roupa. O marido regedor vivia em cuidados permanentes, seguindo-a a distância como se faz a uma presa. A idosa parecia estar a cair no pélago das almas, um barranco onde se fica consigo mesmo e o mundo à volta deixa de existir. Levava consigo a vergôntea com que sacudia os espíritos e embrenhava-se nos matos e bosques até que o sol se pusesse e a lua surgisse como uma deusa. Outras vezes folgava com as crianças no largo ou no pátio da escola, jogando à *chona* numa flostria alegre, soltando risadas e pulando como se tivesse voltado a ser menina.

O padre Sebastião alertava o regedor para as traquinices do demo e sugeria que fechasse a cadeado a figura que na capelinha se encontrava presa a S. Bartolomeu. Talvez a exorcista tivesse perdido o controlo ao demônio e o machacaz com a sua tropa turdetana a estivesse a atormentar. *Velas a S. Bartolomeu!*, dizia o ministro da sacrossanta igreja. *Velas com força!*, acentuava.

Mas as mulheres pensavam o contrário. Acreditavam que a velha tinha finalmente vencido, e de vez, o cão tinhoso. Por isso regressava ao princípio, à inocência, ao lausperene da meninice que se justifica por si e pode alcandorar-se aos céus, vestindo uma alma limpa que só se iguala às asas brancas do Espírito Santo. Calara-se, entretanto, e não se lhe ouvia uma palavra. Desdentada, ridente, infantil nos gestos, a avó, era certo, ameninara-se.

Foi por a ter visto nestes preparos que o Manuel Rato decidiu, de vez, traçar novo destino à sua peregrinação e partiu, de mansinho, para a América.

59
Do Trem Bala às flores

Ninguém sabia para que andava o filho do Galênia, de nome José, a fazer uma casota revestida de plástico. O facto é que o jovem, todos os dias, se pendurava numa escada, martelando de manhã à noite. Soube-se depois que a coisa se chamava estufa e que se destinava ao cultivo de flores. *Flores?*, interrogavam todos os que ouviam o destino do asilo. *Para que são as flores?*, perguntou o Cachaca, na mais exposta das admirações. *Nas cidades as flores vendem-se como pães!*, garantia o Júlio Peixeiro para que constasse.

E era. O rapaz tinha trazido a ideia de fora e por muito que o pai lhe dissesse que ninguém come flores, ele não só garantia que se comiam, mas também assegurava que se vendiam para quase tudo e que era um bom negócio. O rapaz tinha razão: festas, casamentos, funerais e todas as cerimônias, tudo levava flores. *Vivemos no tempo das flores!*, dizia ele, por certo reproduzindo o que ouvira em algum sítio.

Tinha sido inaugurado havia pouco tempo o primeiro centro comercial, com três pisos e trinta e cinco lojas, um sítio onde se subia e descia de elevador e merecia o espanto de todos. A televisão mostrara-o: estava repleto de flores.

Na mesma altura soube-se que os alemães aprovavam a passagem da velocidade limite de cem para cento e quarenta quilômetros à hora. *Isto é para foguetes!*, dizia o Tritão, mas o rapaz que trabalhava na fábrica de carros garantia que havia um comboio no Japão, chamado Trem Bala, que circulava a trezentos à hora. *Caramba, se passasse aqui a gente nem o via!*, respondia o taberneiro de boca aberta. E quem lhe dizia que não passava? Agora tudo anda debaixo da terra. São túneis debaixo dos nossos pés, debaixo do mar, a furarem os montes e as serras.

Na televisão o assunto era a guerra dos árabes e judeus e o aumento do crude, um assunto a que se dava o nome de choque petrolífero. Apareciam anônimos nas ruas a queixarem-se dos aumentos dos preços e a dizerem que não suportavam o custo de vida. *Diz ela* que esta realidade passava indiferente às gentes da aldeia, que não tinham carro, não andavam de transportes, pouco compravam, porque até a própria roupa ainda eram elas que a confeccionavam. A sua principal preocupação era sempre o tempo: as geadas, a chuva, a seca, ou seja, o que influenciava a quase única atividade, a agricultura de subsistência.

A professora das várias aldeias tinha mudado e vinha substituir a velha mestra; resolvera passar pelas terras para falar às pessoas. O povo juntou-se no largo da capela para ouvir a ainda jovem rapariga falar-lhes da necessidade de as crianças irem à escola e de aprenderem a ler e escrever. Apenas as mães e as avós tinham comparecido ao encontro, e a educadora aproveitou para dizer que as mulheres eram iguais aos homens e que deviam, na família, impor-se para levar os miúdos à aldeia vizinha, onde funcionavam as classes. A mestra, presente, não tinha gostado nada desta observação e já depois de terminada a sessão aproveitou para esclarecer a jovem sobre o sítio onde estava. *Estamos no século vinte!*, argumentou a moça, ao que a mestra respondeu: *Aqui, não!* E explicou-lhe como as coisas são todas relativas: *Há dias, na Espanha, executaram no pátio da prisão um rapaz; enforcado. Vamos devagar!* E aconselhou-a a recolher uns tostões, como pudesse, para mandar fazer tamancos aos meninos e meninas que ainda andavam descalços e tinham de urinar para os pés para os aquecerem.

A rapariga vinha de Viseu e nunca tinha percorrido aqueles caminhos. Sabia da existência de pequenos casais, mas não imaginava que, tão perto de tudo, pudesse haver um povoado de uma dúzia de casas sem água e quase todas sem eletricidade, sem fogões, máquinas de lavar e outros confortos da vida moderna. As ruas eram quelhos apertados e sinuosos, de terra batida empastada em excrementos de gado, e as águas corriam pelas cavadas, em drenos onde alguma erva escondia a putrefacção da urina que vinha dos estábulos. As casas eram acrescentos de cubículos com um pátio interior onde se matava o porco e se malhava o parco cereal.

Na capital, *diz ela*, estreava o filme *Jesus Cristo superstar* de Norman Jewison. Mas aquele Cristo do *rock*, de estilo *pop* e urbano, não era dali. O da aldeia estava bem preso à cruz e nunca de lá saía. Sofria a todo o instante e as suas chagas sangravam todos os dias; a expressão de dor nunca lhe abandonava o rosto e não cantava para exaltar alegria. Só tinha bebido vinho para ensinar a cor do sangue e não para suportar o trabalho árduo do campo. Este Cristo limitava-se a ser o companheiro da miséria das gentes; para a salvação era preciso contar com outras pessoas: santos, anjos, diabos, diabretes, espíritos e toda uma caterva de *gente*, cada qual com a sua mística.

60
A barriga em quarto crescente

Diz ela que misteriosas manchas tinham sido vistas na superfície de Marte, o que fez alguns cientistas pensarem que se tratava de grandes reservatórios de água. O precioso líquido era benéfico para tudo e, se havia assim tanto, era possível sonhar com um planeta inteirinho para cultivar. Até se podia transferir para lá todo o amanho da terra, o gado e suas abegoarias; enfim, um planeta só para agricultar. Talvez o Trem Bala, na sua velocidade vertiginosa, pudesse levar o pessoal de manhã e trazê-lo à noite, ou quem sabe não haveria formas ainda mais rápidas de viajar.

Um estudante de Angers, chamado Bernard Moriceau, vira um óvni em formato de uma bola de *rugby* e, dias depois, um agricultor observou no seu prado vários traços circulares com cinco metros de diâmetro. Seria que os extraterrestres queriam vir amanhar a Terra? Não sabiam eles que Marte era muito melhor, porque cá faltava água, a menos que chovesse, e lá havia os tais reservatórios?

Na Inglaterra tinham aparecido campos lavrados, tudo com divertidas formas geométricas, o que levava a crer que, para estes camponeses vindos do espaço, o lavrar e o aricar eram uma forma de divertimento. Deveriam possuir máquinas das boas, porque se via que nada daquilo era feito a toque de enxada, arado e relha, junta de bois e garrafão de vinho. Havia quem defendesse que era tudo maquinado a partir do ar, a distância, e que o produto semeado, nós, terrestres, nem o víamos, porque eram coisas de *outra dimensão*. Queria dizer que ao lado do campo de milho da mulher do Labruaco havia um outro a correr na mesma direção e cujas espigas ninguém via; nem as espigas nem os caniços. Entre as pencas altas e preguiçosas do Cachaca outras havia que pertenciam a um homenzinho verde, com um focinho diferente, que as cozinhava e comia de outra maneira. Seria?

A Olivita começava a mostrar uma barriga saliente. Estava grávida. Feito do mestre de obras, proprietário do carro em cuja dianteira brilhava, como um alvo, a estrela Sirius, e que a pusera com casa montada e por conta. Tinha mudado tanto como o país. Dizia-se que ia fazer um cruzeiro às ilhas e usava desodorizante. Para não sujar os sapatinhos, o mestre de obras tinha cimentado o caminho em frente da sua porta. A Olivita tinha casacos de pele e até um gorro que lhe ficava muito bem.

O construtor, que vendia mais do que era capaz de pôr em obra, chegava amiúde carregado de caixas com fidalguices para a criança e a mamã. O negócio da construção ia muito bem e a proibição da emigração para a Alemanha ajudava a baixar o preço da mão de obra. Os bancos emprestavam dinheiro para a compra de casas e estas vendiam-se como boletos.

Como única grávida da aldeia, a Olivita chamava ainda mais a atenção. Já ninguém se lembrava da sua aparição mística e carnal quando descera da avelaneira para mostrar o céu ao pastor Jorge. Era, agora, uma senhora, e nem se podia dizer que houvesse algum estigma sobre a sua condição. *Diz ela* que a aldeia sempre soubera moldar-se às condições sociais, sobretudo as que envolviam a moral; se tudo se passasse no recato de cada um, a terra mantinha-se alheia ao que ocorria dentro de portas.

As mulheres viam-na passar e surpreendiam-se pela sua elegância. A avó, *diz ela*, apenas comentou que já sabia que *aquele estava para vir.* Referia-se à criança, obviamente, porque a velha bruxa, ainda as mulheres não transpareciam prenhez e já ela sabia do seu estado. Se quisessem, ela podia até descrever ao que vinha cada um que ali chegava. Este, dizia, nunca haveria de cavar um torrão ou saber como se lança uma semente à terra ou se ampara uma árvore. Haveria de estudar e ser doutor e vestir-se como os outros homens da cidade. Os tempos iam mudar e muito. Na televisão, um moço cantava uma cantiguita que começava com a frase: *Quis saber quem sou.* E, mais à frente, arrastava: *E depois do adeus.*

E depois do adeus, avó?, diz ela que perguntava. *Ficamos sós,* respondia a velha.

61
Um livro e o futuro

Para que não restassem dúvidas, o caixa de óculos decidiu ir ao parlamento fazer uma intervenção que a televisão transmitiu. Estava em causa o problema das colônias que, no seu entendimento, eram cobiçadas pelas grandes potências, mas que o país nunca alienaria. Dava a perceber que no ultramar nem sequer havia guerra; o que se tratava era de defender pessoas e bens em solo português. *Precisamos de tempo. Temos de ganhar tempo!*, salientou o orador impaciente.

Diz ela que, logo depois, os altos comandos das forças armadas manifestaram o seu apoio ao homem que pedia tempo, o qual, entretanto, aproveitava para mudar alguns ministros.

Toda a gente percebeu, mesmo na aldeia, que havia um problema; *diz ela* que se sentia como quando se vê teatro ou cinema e nos assalta o pressentimento de que o espetáculo está para acabar. A orquestra ia parar de tocar, o pano ia fechar-se, as luzes da sala iam acender-se. Não se podia saber como ou o momento exato, mas sabia-se por quê. Quem pede tempo está desesperado. *Deem-me tempo!*, pediu o caixa de óculos sem saber para onde fugir; e de novo se percebia que ele gostava de se ir embora, se pudesse, de desaparecer para longe, de fazer como o Manuel Rato quando encontrara o cadáver da Chichona, que entrou num rochedo, ou como o outro que perfurou a montanha, ou ainda como o pastor Jorge que, de serapilheira às costas, desapareceu algures em Linac-sur-Couze.

Falava-se num livro, dizia o Egídio, um livro de um militar que estava na Guiné e que fora posto a andar. Ninguém percebia, no entanto, que mal poderia fazer o raio de um livro. *Um livro não é uma pedra ou um tijolo que se atire à cabeça de alguém!*, exclamava o Tritão, de taberna cheia e palhete aviado, num fim de tarde já escuro. *Que livro é esse?*, interrogava e, impacientando-se perante a mudez dos outros, voltava a fazer novas perguntas: *Que escreveu ele no diabo do livro?*

De jornal aberto sobre o balcão de madeira da tasca, o Tritão virava as páginas e dizia que nada mencionavam sobre o tal livro. Havia um anúncio de um filme chamado *Lágrimas e suspiros*, uma notícia em cacha mencionando que os franceses já faziam sangue artificial e outra salientando que os homens em Chicago, na América, reclamavam preços das bebidas iguais aos das mulheres. *Olha, aqui está um problema que nós não temos!*, disse fechando a publicação.

O avô regedor sofreu um ataque. Sentiu-se indisposto, a testa perlara-se de suores frios e, logo de seguida, caiu redondo no chão. Levaram-no para casa, mas quando veio a si percebeu-se que não era o mesmo. Não conseguia falar e limitava-se a olhar as pessoas como se as visse a partir de outro sítio, algures das profundezas do seu espírito. Parecia que o seu olhar atravessava as coisas e não se fixava num ponto concreto. Esboçava um ligeiro sorriso se via a mulher de um lado para o outro, como se sentisse, só por vê-la, uma satisfação imareada. Sabia-se que o homem se perdia de amores pela velha, mesmo com o passar dos anos. Na juventude fora buscá-la a uma aldeia vizinha e trouxera-a raptada ao pai. Na verdade, a rapariga tinha um feitio rijo e galarim e só tinha vindo porque quisera. Tiveram três filhas. Com o passar dos anos o homem alquebrava-se cada vez mais ao seu feitio rebelde e espinhoso. E, depois, tinha aqueles dons de vidente e um conúbio com as forças que escapam ao comum das gentes. Assistia aos partos e compunha os mortos. Desaparecia quando lhe dava na cabeça e transformara a cozinha num laboratório de alquimia onde cosicava os elementos e invocava as sombras.

A avó, *diz ela*, não compreendia o que se passava. Atarefava-se em lides que ninguém adivinhava e, quando passava diante do homem, dizia-lhe que se levantasse porque já iam sendo horas.

O médico avisava que o idoso pouco iria recuperar, talvez chegasse a falar, a caminhar qualquer coisa, mas era preciso puxar por ele; e dar-lhe tempo.

As filhas tratavam-no com enlevos de blandícia. Traziam-no para o alpendre da casa e sentavam-no a apanhar a luz do dia com uma mantinha sobre os joelhos, permitindo que entretivesse o olhar pelos montes. Quem passava saudava-o, e ele levantava uma das mãos num aceno, como se estivesse já a despedir-se.

Sabia-se que percebia as suas limitações, mas não deixava adivinhar se captava ainda o mundo que o rodeava. *Diz ela* que falava com ele e que lhe parecia que o velho escutava. Contava-lhe as mesmas histórias que ele lhe tinha contado a ela quando era menina. O seu olhar, no entanto, não se desviava dos montes ou, se calhar, perdia-se para lá deles.

62
O aroma místico das rosas

Garantia o Egídio que umas tropas tinham saído das Caldas da Rainha em direção a Lisboa para prender o caixa de óculos. Todos acharam que o moço estava doido ou que andava a ouvir o que não devia. *Olha que isso é coisa dos comunistas!*, sabia dizer o Tritão pelo hábito adquirido de ler o jornal e ouvir a caixinha mágica.

Mas não; o galopim atestava que um deputado tinha falado no assunto na assembleia, dizendo que se tratava de um grupo de doidos que, de forma impensada, se metera à estrada em camiões sem saber bem ao que ia. *Confirma ela* que assim foi.

Tinha dito o parlamentar que a populaça das Caldas era passiva e laboriosa e que não merecia aquilo, até porque vivia *onde se pressente o aroma místico das rosas da rainha Santa Isabel.*

A opinião geral era de que se tinha tratado de uma prova ao regime. *Deixa cá ver se eles se aguentam*, referiu o Tritão. E acrescentava que andava muita coisa no ar. *Poeirada!*, gracejou.

Os rapazes tinham chegado às portas da capital e decidiram voltar para trás, ou seja, ao cheiro das rosas. Dizia o José, o que montara a estufa para flores, que as roseiras se estavam a dar bem, com os botões todos a rebentar plenos de força.

Para o Galênia o assunto estava relacionado com a primavera. E explicava: os soldados andam pelos quartéis e não têm nada para fazer, aborrecem-se, estão cheios de energia e não a usam. Nada mais natural que tivessem ido dar uma volta até Lisboa.

Mas nada disto convencia o Tritão, que se mostrava pensativo. Havia coisa e logo se veria que, mais dia, menos dia, acontecia alguma. *O quê?*, perguntavam-lhe, entredentes, os que o ouviam.

O homem não sabia. Mas trespassava-o um desconforto brando; sentia que havia um lume que não queimava, mas aquecia. Punha-se à porta da tasca, de pano ao ombro, como se esperasse qualquer coisa. Olhava o caminho para um lado e outro, a terra a ficar seca e a abrir taliscas na rugosidade do solo, e pensava como o sol nascia de um lado e se punha do outro. Todos os dias. E isto, concluía com os seus botões, porque os homens não mandam nele; se pudessem fazer diferente já o astro rodopiava como um doido em todas as direções.

E se os moços de repente não quisessem ir para a guerra das colônias? Se os que cá estavam nos quartéis, à espera do embarque e que até tinham armas na mão, se opusessem? E se, tal como os moços, os graduados pensassem o mesmo? À porta da taberna cogitou que o caminho era só um, mas tinha duas direções. Quantas vezes a burra do Cachaca não queria ir para um lado e, teimosa, ansiava meter-se em sentido diferente?

Que voltas o mundo podia e não podia dar?, questionava-se o Tritão. Parecia-lhe que tudo era possível. Durante toda a sua vida, passada a servir copos de vinho e a ouvir os outros, tudo se compunha de forma a manter-se e a perdurar e só as estações completavam o seu ciclo de mudança. Talvez as coisas se alterassem tão devagar que ninguém se dava conta. Parecia, no entanto, que de um momento para o outro o sucedido ganhara pressa. Em cada dia que se acordava, qualquer coisa deixava de ser como era e logo outra se impunha de modo diferente. Perguntava-se se o mundo não estava assim porque havia os jornais e a televisão.

Pela primeira vez, olhou com atenção os homens, vistos do lado de fora da taberna. Quem diria o quanto tinham mudado e como estavam diferentes? Para perceber isto era preciso estar além, ver os outros como se se fosse também um outro, um estranho dentro de si, alguém que não tinha feito parte daquele teatro, o que significava ter mudado. Imaginava que, noutros tempos, os homens deveriam nascer e morrer sendo sempre os mesmos. A mudança das coisas fazia-os alterarem-se, e eles próprios provocavam novas mudanças, ficando sem se saber a verdadeira origem de se trocar a volta às coisas.

Já dentro da taberna, o Tritão anunciou que havia um copo por conta da casa para se fazer um brinde. E foi assim, de copo na mão, bem erguido, que os homens atônitos ouviram o dono da tasca dizer: *À mudança do mundo!*

63
Daniel e a cova dos leões

Diz ela que chegaram notícias do Manuel Rato. Tinha regressado a Fall River onde era jardineiro. Não se sabia em que medida a sua conversão ao idealismo alemão e a Gottlieb Fichte o tinham impelido para a poda e o plantio, mas o certo é que o gabião assim se destinara.

Dizia-se que usava um fato apropriado e um chapéu com uma rede para proteção dos olhos e se mostrava garboso nas suas tarefas. Tratava sobretudo de jardinagem miúda: flores, pequenos arbustos, estacas baixas, enfim, a filigrana da obra. Percebia-se que o Rato era um ourives na arte de tratar esse vasto universo da flora; deveria falar com as espécies, discutir com elas a mais nobre filosofia e as grandes questões da existência e do método. Podíamos imaginar como era refinado no corte e na atenção, e o tempo e o cuidado que dispensava para aparar uma simples folha, retocar uma pétala, acomodar uns estames ou uma corola menos perfeita.

Desta vez, o Rato tinha prescindido da Rainha e da sua irmã viúva. Na verdade, havia sérias dúvidas de que o jardineiro soubesse que estava na América. Tudo levava a crer que o homem se julgava no éden, absorto que estava nas suas meticulosas ações.

Tinha seguido o exemplo do profeta Daniel que ficara na história por ser exemplo de abstinência e dera em vegetariano. *Os que vivem segundo a carne não podem agradar a Deus!*, pensava o discípulo de Fichte. Adquirira uma serenidade invejável perante aquele que qualificava como o mais verdadeiro dos gurus, uma sábia quietude que só as plantas transmitem. Poderiam fechá-lo numa cova com leões, como tinham feito ao profeta, que o Rato acreditaria sair ileso de tal sítio. Garantia num corolário: *Há um Deus no céu, o qual revela mistérios!*

O Manuel Rato estava disponível, pela sua sabedoria, para ser conselheiro de reis e imperadores, mas essa raça de homens tinha desaparecido com os tempos. Restava-lhe, assim, ser nobre e galarim com os mais indefesos dos seres e praticar essa tarefa como um judicioso culto. Fazia-o como se dissesse uma missa em latim, rica nas palavras e teatral nos gestos.

Quando saía da jardinagem recolhia-se à biblioteca local e lia. A língua inglesa não tinha mistérios para ele, pelo que, em muito pouco tempo, fez passar pelos olhos grande parte das ideias dos pensadores. Não obstante, voltava sempre a Fichte: *Fixa-te em ti mesmo. Desvia o olhar de tudo o que te rodeia e dirige-o para o teu interior. Não se vai falar de nada que esteja fora de ti, mas exclusivamente de ti mesmo.*

E admirava-se por saber que o homem perfeito e a sua luz emergiriam, como afirmava o idealista tudesco; não se sabia quando, mas essa hora chegaria. Libertar o homem das influências externas era um ideal que Manuel Rato sentia crescer dentro de si. Fichte aprendera com a Revolução Francesa e o jardineiro percebia, então, como se tornava necessária uma nova revolta. A do homem perante o mundo. E foi assim que começou a passar os seus pensamentos para o papel e iniciou o seu contributo para *O homem revoltado* de Camus, juntando-se a gente tão ilustre como Lucrécio, Epicuro, Sade, Stirner ou Nietzsche. Manuel Rato era, pois, o homem que diz não, mas que também diz sim. O desafio desta composição de antagonismos ecoava nele como uma nota preciosa e bela arrancada a um piano estragado.

Em cada dia, a caminho das suas tarefas para as quais a natureza o esperava exuberante, Manuel Rato pensava ser o *actus purus*, ou seja, a própria divindade criadora.

64
A partida e a ausência

Muitas vozes compareceram ao primeiro encontro da canção portuguesa; algumas, dizia-se, estavam proibidas de cantar, mas tinham transgredido a ordem. A não obediência começava a ser norma em vez de exceção e já se fazia notar. Um jornal estampava uma imagem de uma fila de homens irmanados, referindo a legenda que entoavam uma canção chamada "Grândola, Vila Morena". Na mesma página, um anúncio de cinema apresentava o grande êxito intitulado *The sting, a golpada*, com Robert Redford e Paul Newman.

Na aldeia quase se podia dizer que já não se falava do cavador Albano e da mulher, Maria da Glória, condenada e presa por homicídio. Ninguém quis saber do seu julgamento e o advogado que a defendia não conseguiu recolher testemunhas abonatórias para depor. *Diz ela* que a Glória, sem entrar em pormenores, confessara tudo perante uma sala vazia. Na sentença, o juiz dissera que ela tinha sido vítima das circunstâncias; o mesmo era defender que o seu ato impensado se devia ao marido que tinha, à permanência da Chichona na aldeia e à sua prática profissional, à educação que recebera e à humilhação e vergonha a que tinha sido sujeita por ser de todos conhecido o caminho que levava o Albano ao *carnis peccatum*.

O padre Sebastião, chamado a depor no transcurso do inquérito, tinha dito que sentia o sofrimento da mulher por ter sido afectada no que tinha de mais precioso: a honra. A pobre já estava, antes, condenada por inépcia conjugal exposta numa substituição cuja culpa lhe era atribuída. Esta condenação assentava no desprezo do marido que era, ao mesmo tempo, uma troca ignóbil. Como mulher, a Glória não servia e, portanto, não existia. *Era um trapo!*, disse o padre.

Os dois filhos do casal estavam na França, para onde tinham escapado à guerra. Talvez nem soubessem o que se tinha passado. Do funeral do pai, pelo menos, ninguém os tinha avisado e ninguém saberia como fazê-lo. Talvez, quando um dia regressassem, se lhes abrisse a narrativa desses dias de chumbo por que tinham passado os progenitores.

A aldeia, tal como o país, estava tolhida a viver assim, sem descendência. Na taberna, uma vez um homem dissera: *Somos como os animais a quem lhes tiram os filhos! Diz ela* que uma comunidade que perde os seus descendentes fica a vaguear no tempo, como se este fosse uma matéria gelatinosa que se pega ao corpo e da qual não se consegue sair. Por isso as gentes se agarravam ao torrão com todas as forças e se irmanavam à terra e à natureza numa conjugação de existências. A partida e a ausência dos filhos, e depois dos netos, era o descarnar do seu espírito. Tinha de se construir o futuro sobre um paradoxo: uma relação feita de uma não presença que, por si só, fazia lembrar um defeito, como a falta de um braço ou de uma perna. *Isto é como arrancar um braço!*, dizia-se.

Quando se perguntava aos habitantes daquela cova entre montes pelos seus filhos, a resposta era um encolher de ombros, a mesma que se dá perante a morte e a ignorância. Perguntar a um homem se sabe ler, quando ele não é capaz, implica receber em troca este gesto, que significa, ao mesmo tempo, uma negativa e uma resignação.

Talvez os homens não quisessem continuar a sacudir os ombros em sinal de entrega. Havia indícios de que estavam fartos de serem azêmolas e que poderiam de um momento para outro ir à bravata. *Diz ela* que, por aquela altura, tinha estreado uma peça de teatro na capital em que senhores e escravos trocavam de papéis; podia, então, transformar-se um gabinardo num cavalheiro, um cobarde num intimorato, um beato num acrata? *Não nascem os homens para morrer?*, interrogava o Tritão. *Pois que vivam até esse dia!*

65
Chimsky, *Ham* e outros

Diz ela que a sonda *Mariner 10*, depois de ter enviado fotos de Vênus, tinha passado a rasar Mercúrio. E enquanto andava neste sentido, outras havia a tomarem sentido contrário. *Muita merda deve andar lá por cima!*, adiantou um bebedor corrente das pipas do Tritão. Insistia-se na descoberta de novos planetas, alguns que nunca tinham sido vistos mas que agora apareciam como pontos do tamanho da cabeça de um alfinete nas fotografias enviadas pelas naves espaciais para os homens de Houston.

Na aldeia sabia-se mais sobre as visitas do homem e respectivas taregas ao espaço do que sobre a vida das terras vizinhas, para não falar do resto do país ou do mundo.

A televisão, nos seus noticiários e nas suas imagens, deixava perceber que o caixa de óculos andava com um ar triste. Os homens percebiam-no, entre dois carapaus fritos poisados numa fatia de broa e um copo de branco. *Este gajo anda à rasca!*, exclamava o Galênia de cada vez que o via aparecer. Logo outros defendiam, ligeiros, que a situação estava sob controlo.

A palavra *situação* tinha ganho um novo sentido e usava-se com grande frequência. Era inevitável dizê-la. Argumentavam que os coronéis e generais lhe estavam a dar o seu apoio e a manter pacificados os outros oficiais, bem como a soldadesca. O Egídio adiantou que o problema estava no estrangeiro que, cada vez mais, lhe apertava o cerco. Perguntava aos outros se sabiam o que era a Organização das Nações Unidas, para os esclarecer de que esta tinha aprovado muitas decisões a mandar o país dar a independência às colônias. *Chama-se autodeterminação*, dizia o rapaz.

A matula levantava um coro de protestos. O Cachaca não teve pejo em dizer que se o Salazar cá estivesse *mandava-os foder num instante!* E acrescentava: *Desculpem lá, mas este gajo é um bocado coninhas!* E havia quem batesse palmas e alertasse para se ter cuidado, porque as paredes têm ouvidos e o cabo Ramalhão também. *Aqueles gajos das Caldas iam todos castigados!*, continuava, embalado, para acrescentar: *A gasolina tão cara e os tipos a passearem para trás e para a frente!*

O Tritão resmungava. Chamava burro ao outro e acusava-o de não ter percebido nada. Perguntava-lhe onde tinha andado nos últimos três anos, ao que o interlocutor respondia que estivera a cavar para comer e dizia em tom baixo e discreto: *Esta merda está perdida!*

Diz ela que, apesar de estas conversas assim decorrerem, a maior parte dos homens que as escutavam não percebiam exatamente o que se passava. Alguns falavam das *novidades* – favas, ervilhas, alhos, cebolos e abóboras – e outros da engorda do gado que não havia maneira de se fazer porque a palha tinha sido pouca e ninguém queria dar ração.

O chimpanzé *Nim Chimsky*, sobre o qual um jornal fizera uma cacha, era também motivo de conversa; o animal tinha conseguido escrever uma palavra com apenas dois meses e meio de idade. Ora, todos sabiam que as crianças só depois dos seis e com bastante pancada da mestra é que conseguiam desenhar as primeiras letras, o que levava à legítima dúvida de que os macacos mandariam um dia no mundo. Havia quem defendesse a ideia de que os símios já chefiavam, porque os tipos ricos espalhados pelo mundo eram, na verdade, orangotangos disfarçados de hominídeos. A tese que colhia mais adeptos sustentava que *Chimsky* era um pioneiro da mudança a que o planeta iria assistir. Aliás, defendia o Galênia que já existiam planetas a ser mandados por chimpanzés, razão pela qual uma das naves mandada para o espaço tinha feito seguir no seu invólucro um chimpanzé camaronês chamado *Ham*. Isto para não falar em tantos que se tinham distinguido, como *Washoe*, *Kanzi*, *Chantec* e tantos outros.

Quem sabe se um chimpanzé aos comandos de um DC10 turco com trezentos e quarenta e seis passageiros a bordo não teria evitado, num dia breve de março, a sua inopinada queda a alguns quilômetros de Paris?

66
Caryophillus!

Diz ela que o preço das rosas tinha subido para vinte e cinco escudos a dúzia. José, o filho do Galênia, que começava a ver as primeiras roseiras a florir, ficava satisfeito. Assim, produzia um bem que ficava caro ao consumidor, o que ele via como um sinal de prestígio.

Os cravos continuavam baratos, sendo a flor que o povo preferia. José explicava que os cravos se dão bem: basta-lhes terra quente, bom arejamento e pouca umidade; além do mais, lançada a semente no viveiro, a germinação demora apenas sete dias. E, se a roseira atrai bicharada, o cravo afasta-a, sobretudo a formiga que invade tudo. *Tu gostas é de cravos, já estou a ver!*, dizia-lhe o Cachaca. *Caryophillus!*, respondia o rapaz de forma garbosa, garantindo produzir na sua estufa todas as cores, embora o vermelho se desse melhor e as pessoas gostassem mais.

Os padres tinham recebido orientações para divulgar a mensagem da encíclica papal, chamada *Marialis Cultus*, o que muito interessava ao país pois salientava a importância de todas as liturgias feitas à mãe do Salvador e Fátima enchia-se, cada vez mais, de turistas. Barnard, o cirurgião dos corações, tinha conseguido transplantar um órgão novo num paciente deixando lá o velho. O presidente americano tinha sido apanhado nas malhas de uma enorme intriga e as coisas corriam-lhe mal. *Diz ela* que ficaria para a história como um velhaco sem escrúpulos, capaz de fazer tudo para se manter no poder.

O rapaz da trova *E depois do adeus* foi cantá-la a Brighton, ao concurso da Eurovisão, e perdeu. Uma cançoneta chamada *Waterloo* – o nome da batalha na qual Napoleão foi severamente derrotado pelos ingleses – interpretada por duas raparigas, uma loira de cabelos lisos e outra quase morena de caracóis, ganhou o concurso. Para os homens da aldeia era unânime que, se os outros mandavam *gajas boas* e nós *uns tipos manhosos*, haveríamos de perder sempre.

Foi neste contexto de grandes e complexos acontecimentos que iria ter lugar o mais singular de todos. Era abril e madrugada. O Augusto e o Labruaco aproveitaram o breu da noite e, aconchegados às sombras, atravessaram tremedais e lameiros levando material explosivo às costas, numa perícia feita de muitos anos de trabalho. Sentiam-se como nos tempos de guerra, em África; tinham medos e cautelas, mas sabiam que os riscos não eram os mesmos dessa altura, em que o imprevisto lhes poderia ceifar as pernas, a visão, ou tudo. O frio das gotas de suor nas costas era, no entanto, o mesmo: uma escorrência fina que parecia corresponder ao tremer das pernas, afectando-os do joelho para baixo. E questionava-se o Labruaco se haveria uma máquina de medir o cagaço, um aparelho que, encostado à pele, dissesse *miúfa: tanto*.

Do alto do monte viram desfilar luzes de veículos, ao longe, numa estrada. Olharam um para o outro, interrogando-se sobre o mistério. *São os nabos das Caldas!*, gracejou o Augusto, e riram-se. Mais à frente, o Labruaco contou mais de quarenta faróis e a visão pareceu-lhes estranha porque lembravam uma coluna militar. Talvez fosse melhor abortarem o que lhes ia na cabeça e os levava naquela noturna demanda. Mas o Fogueteiro estava determinado.

Os buracos tinham sido abertos nos dias anteriores e, à luz da lanterna, encheram-nos com os explosivos. Passaram o cordão detonante por todos os pontos e levaram-no até uma distância prudente; verificaram tudo de novo, à cautela. O alor da tarefa aguçava-lhes a concentração e os cuidados.

A noite descia o cendal negro e a alba deixava suspeitar um dia bonito. Quando o Augusto se preparava para bater o detonador, o outro pediu-lhe que esperasse um instante. Subiu, então, ao penedo e acendeu muitas das velas que pareciam espetadas no seu bojudo costado. O altar, que supostamente tinha sido o refúgio do Rato, estava pronto para a sua mais dura provação.

O Augusto carregou na alavanca e, nesse instante, todo o monte estremeceu. Um estrondo ribombou pelos sete cantos do bosque, a estorga sacudiu-se, frágil, e o leixão elevou-se em milhares de pedaços cuspidos a toda a força, os quais se suspenderam, por instantes, no céu já claro e, perante o olhar maravilhado dos homens, caíram como uma chuva de pedraço. A poeira levantou-se e os dois tossiram quando esta lhes invadiu os bofes. Olhavam ringentes e de pé o serviço feito. Ouvia-se ainda o rolar de alguns calhaus algures. O Augusto, sem o dizer, pensou: *Nem o diabo as faz assim!* O Labruaco correu para a pedranceira esbagoada, onde antes se erguia a tumular penha e, já com o amanhecer a demarcar-se, de braços abertos gritou: *Isto é que é uma revolução!*

67
E caiu-lhe um dente

Com a mortalha se enrola o tabaco, dizia a avó. E com a mortalha se envolvem os cadáveres, acrescentava.

A velha perdera de vez o sentido das coisas, se é que alguma vez o tivera, e passou a viver quase exclusivamente no seu mundo povoado de entidades fantásticas, ora assombradoras, ora de consolo.

Depois do acidente do marido começou a notar-se que se acabrunhava no seu interior, embora parecesse andar sempre numa azáfama como se tivesse uma vida à margem da dos outros. Tagarelava muito, numa melopeia baixa, e nunca parava quieta. Saía pelos bosques como sempre fizera e vezes havia em que era necessário ir à sua procura para a trazer para casa. Parecia ter perdido a noção do dia e da noite, do fora e do dentro, de ser gente ou ser bicho. Insistia em vir à noite à rua para ver o céu estrelado e falava aos astros como se fossem seus familiares.

Pela manhã, na primeira hora após o acordar, ainda deixava perceber algum siso. Nessa altura dizia que a aldeia era a mortalha que a todos envolvia em ânsias de morte. A terra queria o seu sustento e este passava pela força e o suor dos homens; mas, ficando velhos, estes deixavam de a poder alimentar e era preciso que morressem para dar lugar aos novos, aos que voltavam a dar de comer e beber aos lameiros e às bouças.

Cavar, lavrar, semear, eram rituais de vida e de morte, mais do que a busca do sustento. Assim volviam as estações e os ritos prosseguiam, sempre para manter a aldeia e o solo vivo. E morriam os homens como o faziam as árvores e as plantas, os bois e as ovelhas e os restantes animais. Nada de mais natural. Tudo se resumia a esta ideia simples, a este princípio tão antigo como a própria vida, tão milenar como os instrumentos e os modos que se usavam. A avó partilhava, sem o saber e sem nunca as ter ouvido, as ideias do Manuel Rato e do filósofo Espinosa.

Naquela noite, ela ouviu o estrondo. Era o rebentar da pedra que o Augusto e o Labruaco fizeram disparar pelos ares. Todos os habitantes da aldeia o ouviram, tal como sentiram o estremecer das paredes ante o rebentamento. Mas só a velha feiticeira sabia que algo de anormal se passava. Porque ninguém rebentava um leixão ainda antes de o sol reinar.

Haveria o mundo de ter mudado para assim suceder? Para se darem a tal ousio e se porem a disparar pedra em todas as direções, era certo que os homens teriam vencido o medo que os cauterizava.

A avó sabia que um rebentamento daqueles só podia ser levado a cabo pelos dois que o tinham feito, porque havia muito traziam consigo as dores que ela conhecia. Com a pedra rebentavam as mágoas e as iras contidas.

A velha levantou-se da cama e saiu casa fora dizendo que tinham passado os *últimos anos.* Só dias depois os outros saberiam o significado da expressão usada.

Amanhecia e ainda havia nevoeiro no ar. Do cimo da colina, onde estava, a idosa viu a mortalha disposta nas suas casinhas de pedra, alcandoradas como uma cascata empedernida. Divisou o ribeiro e as suas margens e a copa das árvores a ganhar folha. As terras, aradas umas e de plantio outras, eram lençóis estendidos à força dos braços dos homens. Na estrada, ao longe, viu soldados trajados de verde. Distinguiu no meio deles os dois autores da explosão. O Augusto e o Labruaco confraternizavam com os rapazes. Naquele instante riu-se e caiu-lhe um dente.

GLOSSÁRIO

A

Abegoaria – sítio para alfaias e gado, instrumentos agrícolas
Abencerragem – paladino
Achamboaria – instrumentos de madeira usados na lavoura
Acrata – anarquista, que não crê
Adelhão – pequeno depósito usado nas azenhas
Ágape – refeição cristã
Aiveca – peças de madeira que seguram a relena do arado
Alabregada – labrega, rude
Álacre – alegre
Alçaprema – armadilha
Alcaravão – ave pernalta
Alcaria – casa campestre para guardar ferramentas
Alevante – motim
Alfavaca – manjericão
Almo – pessoa de bom coração
Almofia – alguidar
Alor – voo, azáfama
Alpondra – caminho de pedras pelo rio
Álveo – leito do rio
Alverca – tanque, terra alagada
Alvoroto – alvoroço, motim
Âmbulo – vaso onde se guardam os santos óleos
Ambustão – cauterização
Amenista – que diz sim, que diz amém
Amesendar – pôr-se à mesa
Anelo – desejo, aspiração
Antiste – bispo
Aranzel – lenga-lenga, também discussão
Aravia – algaraviada
Aricar – lavrar à superfície
Arilho – vento fraco e frio
Arlotão – aldrabão
Assuada – arruaça
Azêmola – besta de carga, idiota, parvo

B

Baforão – redemoinho, agitação das águas
Bagajudo – cascalho
Bagalhoça – dinheiro
Bagata – feitiço
Bagaxa – prostituta
Bajanco – curandeiro
Bajoujar – elogiar, bajular
Balabrega – impostor, aldrabão
Balsão – estandarte
Barrosela – terra com barro
Berzunda – bebedeira
Bestiaga – besta reles
Bisbórria – indivíduo desprezível ou trapalhão
Bívio – divisão num caminho, bifurcação
Blandícia – carícia
Boleto – tipo de cogumelo
Boneja – mulher de má fama

Borraça – chuva miúda
Borzeguim – bota
Botaréu – muro de sustentação
Bouça ou Boiça – terra de mato rasteiro

C
Cabonde – bastante
Cainheza – mesquinhez, sovinice
Camalhão – monte de terra que fica quando se cava
Camarção – bosque
Cambal – resguardo da mó para não se perder a farinha
Cambeira – farinha fina e muito branca
Cambulhada – desordem
Cendal – véu
Chasco – pássaro pequeno
Chatim – mercador
Chibarro – pequeno bode, marido traído
Chifarote – espada
Chorume – gordura, abundância
Codório – pequeno-almoço
Contra-logos – diabo
Conúbio – aliança, trato
Convício – injúria
Corvacha – fêmea do corvo
Cóscoro – duro
Cosicar – ligar, pequena cosedura, misturar
Cravelho – fechadura de porta
Cum-quíbus – dinheiro
Cúpido – devasso

D
Deprecar – suplicar
Deus sive natura – Deus é natureza
Dilúculo – amanhecer; o mesmo que Arrebol, crepúsculo
Doesto – injúria, afronta

E
Enxundioso – gordo
Esbagoar – tirar bagos, contar o rosário
Esgaivar – escavar
Esgarabulhão – que não consegue estar quieto
Esmoler – caritativo
Estadulho – cacete, pau
Estirão – caminho longo
Estorga – urze

F
Fabordão – cântico da igreja
Faceto – chistoso, engraçado
Facúndia – facilidade em falar, o mesmo que Facundo
Falquejada – desbastada
Flostria – folgança
Forjicar – falsificar
Fragueiro – que anda por serras e fragas
Frascário – estroina, devasso
Futre – maltrapilho, desprezível

G
Gabião – tagarela
Gabinardo – gabiru
Gaforina – cabeleira
Galarim – mandão

Galdrana – mulher alta e magra
Galopim – rapaz brejeiro
Gatimanhos – carícias

I
Ignávia – preguiçosa
Imareada – plena

J
Jeira – medida agrícola

L
Lábaro – estandarte
Labrusco – agreste, inculto, montês
Lambiscos – petiscos
Lapúrdio – saloio, bronco
Latria – adoração a um Deus, idolatria
Lausperene – espécie de altar para exposição do Santíssimo Sacramento
Lazeira – fome, desgraça, calamidade
Leiva – terreno de agricultar
Leixão – penedo, laje
Licantropia – pensar-se que se é lobo
Liço – fio entre as travessas do tear
Lidite – explosivo
Lombear – preguiçar, descansar
Loranto – arbusto

M
Macanjo – velhaco
Machacaz – corpulento
Manata – janota
Mangolão – esperto
Maranha – enredo, negócio, teia
Marantéu – papa-figos, pássaro
Marau – patife
Mazorreiro – preguiçoso
Mesnada – tropa mercenária
Molinha – chuva miúda
Moloque – diabo, espinhoso
Muladar – estrumeira, monturo

N
Náiades – divindades das águas
Nanja – nunca
Nebri – pássaro

O
Obdurar – endurecer, tornar insensível
Óbelo – linha que serve para marcar as palavras erradas num texto
Obnóxio – servil, nefasto
Ousio – ousadia

P
Padeja – bamboleio, saracoteio
Palanfrório – palavras ocas
Panturra – vaidade, soberba
Panúrgica – seguir um chefe
Paparreta – pretensioso sem mérito
Paveia – feixe
Pedral – terreno com muitas

pedras, o mesmo que Pedregal, pedregulhento, pedregoso

Pedranceira, Pedroiço – muitas pedras

Pélago – mar alto, abismo

Penetrais – parte recôndita, interior

Percluso – paralítico

Pervagante – vagueante

Piorneira – giesta

Poceirão – poço

Portela – porta pequena

Pretório – relativo a guarda pretoriana

R

Regada – terreno onde se fazem regos para rega

Regalório – grande prazer

Relha – peça do arado (relhar – abrir a terra)

Reseda – flor

Ressegar – segar uma segunda vez

Rinchavelhada – gargalhada

Ringente – de boca aberta

Rinhar – lutar

S

Salafra – ordinário

Salaz – esperto, libertino

Sendeiro – má pessoa

Sinopla – flor

Solércia – lábia, manha, ladinice

Sumelga – reles, insignificante; o mesmo que Bisbórria

Supedâneo – banco, estrado de madeira junto ao altar

Suspicácia – suspeição, desconfiança

T

Talisca ou Talisga – abertura, fresta

Tarasco – vento cortante; também arisco, áspero, esquivo

Tarega – ferro-velho

Tonilho – tom débil, pássaro

Trabuzana – tempestade, maçada, incômodo, doença

Transcurso – decorrido

Traquejado – perseguido

Tremedal – terreno alagadiço

Tremonha – vaso de madeira do moinho

Tudesco – alemão

U

Urca – mulher velha, viúva

V

Valetudinário – enfermo, fraco

Venífluo – que corre nas veias

Vergôntea – ramo

Vessar – lavrar fundo

Z

Zaburro – espécie de milho

Zagal – pastor

Zorato – doido

Prêmio LeYa

O Prêmio LeYa é hoje um dos principais prêmios de literatura lusófona do mundo. Foi criado em 2008, por iniciativa do grupo editorial LeYa, e é um concurso anual que tem como objetivo estimular a produção de romances inéditos de autores de língua portuguesa. As obras vencedoras são premiadas com o valor de cem mil euros para o autor e a publicação do livro pela LeYa.

A língua portuguesa é a língua oficial de nove países. Unindo isso ao grande crescimento e enriquecimento das literaturas de língua portuguesa nos últimos anos, a existência de um prêmio dessa estatura não apenas se justifica, mas se faz muito necessária. O Prêmio LeYa contribui para a criação de uma verdadeira comunidade, tão diversa nas suas manifestações literárias e culturais, mas tão próxima pela utilização de uma língua comum.

Da declaração do júri do Prêmio LeYa 2015

O romance reanima, com conhecimento empático e com ironia, uma ruralidade ancestral – flagrante nos ambientes e nos modos de viver, nos horizontes de crença e nos saberes empíricos, na linguagem e na imaginação mítica. E é sobre esse fundo ancestral que vêm se inscrever as notícias das transformações aceleradas do mundo contemporâneo e o jogo de alusão e de metáfora sobre o devir da nossa sociedade e o agonizar do antigo regime político – até o anúncio da revolução.

É sempre o plano narrativo que predomina, dado através do recurso a uma forma inovadora na apresentação da voz narrativa, que alterna entre o quadro da província beirã e o mundo da emigração na Suíça e nos Estados Unidos.

À versatilidade na composição da narrativa e no cruzamento de vozes e perspectivas corresponde a diversidade de personagens – realistas e simbólicas, típicas e insólitas –, num estilo que sabe combinar matizes tradicionais e atuais da língua portuguesa. [...]

Manuel Alegre (Presidente), José Carlos Seabra Pereira, José Castello, Lourenço do Rosário, Nuno Júdice, Pepetela e Rita Chaves

1ª edição Junho de 2018
papel de miolo Pólen Soft 70g/m²
papel de capa Cartão Supremo 250g/m²
tipografia Ronge
gráfica Grafilar